초등 학생이 (꼭) 익혀야 할

급수 한자 500자 쓰기

21세기 정보화 사회로 들어서면서 더욱 많은 사람들이 세계화, 국제화 시대에 통용되는 영어에 높은 관심을 갖게 되고, 영어를 배우기 위한 바람은 유아들의 영어 교육을 부추기고 초등 학생 때부터 유학을 가는 붐을 일으키고 있다.

그런데 예상과 빗나가는 사회 현상으로 한자 교육을 들 수 있다. 대학교에서 대학생들의 입시 영역으로 한자 능력을 택하는 추세가 늘어나고 있으며, 기업이나 회사에서 사원을 채용할 때도 한자 능력을 중시하고 있다. 그러나 이는 이상한 사회 현상이 아니라, 오히려 사회 발전이나 국가 발전 전략으로 볼 때나 다가오는 동북아 시대적 상황으로 볼 때 한자는 필수 언어일 수밖에 없기 때문이다.

모든 언어 교육이 마찬가지이겠지만 한자 교육 역시 어려서부터 배우는 것이 오래 기억되고 학습 효과도 클 수밖에 없다. 한자는 상형 문자이므로 쓰기 학습이 중요한데, 기존에 만들어진 한자 교재를 보면 쓰기 학습을 소홀히 한 면이 있다. 이 교재는 한자를 처음 배우는 어린이들에게 한자의 자형(字形)과 음(音), 훈(訓)을 익히도록 하되, 쓰기 학습을 보강하는 데 주력하였다.

특히 이 교재는 각종 단체에서 실시하는 한자 급수 시험에 대비하기 위한 준비 교재로 활용하도록 만들었으며, 현재 한자 급수로는 교육부가 공인한 유일한 단체인 (사)한국어문회가 출제 기준으로 제시한 한자 500자를 중심으로 구성하여 이 한자를 배우면 8급~5급 시험에 응시할 수 있도록 하였다.

부디 이 책으로 공부하여 많은 어린이가 한자 학습은 물론, 한자 급수를 취득하는 데 도움이 되었으면 한다.

이 교재의 특징

▶ 이 책은 한자능력검정시험을 대비한 급수 한자 쓰기 학습서로서 초등 학교 재량 활동 시간에 활용할 수 있도록 엮었습니다.

▶ 글자마다 관련 그림과 자원풀이를 넣어 쉽게 이해할 수 있도록 하였습니다.

▶ 필순을 보며 한자를 올바로 쓸 수 있도록 했으며, 여러 번 반복하여 쓰게 함으로써 그 글자를 확실히 익힐 수 있도록 하였습니다.

▶ 매 한자에 활용 단어를 제시하여 어휘력을 향상시킬 수 있도록 하였습니다.

▶ 3개 단원마다 출제 유형에 따른 익힘 문제를 실어 복습할 수 있도록 하였으며, 또한 만화를 통해 고사성어를 쉽고 재미있게 익힐 수 있도록 하였습니다.

▶ 부록에 구성되어 있는 부수의 위치와 명칭, 필순, 획과 명칭, 자전 찾는 법 등을 통해 한자 학습을 효율적으로 할 수 있습니다.

▶ 각 급수별 배정한자 및 한자능력검정시험 요강을 실어 취득하고자 하는 목표에 따른 효과적인 학습이 이루어질 수 있도록 하였습니다.

▶ 한자능력검정시험 기출문제 및 같은 유형의 예상문제를 각 급수별로 구성하여 실제 시험에 대비할 수 있도록 하였습니다.

단원 지도 계획

단원명	지도 쪽수	시 간	비 고
1장	10~16	2	
2장	18~24	2	
3장	26~32	2	
4장	40~46	2	
5장	48~54	2	
6장	56~64	2	
7장	70~76	2	
8장	78~84	2	
9장	86~92	2	
10장	100~106	2	
11장	108~114	2	
12장	116~122	2	
13장	130~136	2	
14장	138~144	2	
15장	146~152	2	
16장	160~166	2	
17장	168~174	2	
18장	176~178	2	
계		36	

차 례

價		사람 인(亻)부, 총 15획　5급

價 값 가

사람 인(亻)부, 총 15획　⑤급

사람이 바구니에 재물을 보관하고 값을 정하여 판다는 뜻임.

▶ **定價**(정가) : 정해진 가격.
▶ **高價**(고가) : 비싼 가격.

加 더할 가

힘 력(力)부, 총 5획　⑤급

힘을 내라고 입으로 응원하여 사기를 더한다는 데서 '더하다'의 뜻임.

▶ **加算**(가산) : 더하여 셈함.
▶ **加害**(가해) : 다른 사람에게 해를 끼침.

可 옳을 가

입 구(口)부, 총 5획　⑤급

장정이 입으로 옳다고 한다는 뜻임.

▶ **可決**(가결) : 회의에서 제출된 안을 옳다고 결정함.
▶ **可能**(가능) : 할 수 있음.

各 각각 각

입 구(口)부, 총 6획　⑥급

앞에 한 말과 뒤에 한 말이 각각 다르다는 뜻임.

▶ **各界**(각계) : 사회의 각 방면.
▶ **各地**(각지) : 각 지역.

角 뿔 각

뿔 각(角)부, 총 7획　⑥급

뿔의 모양을 본뜬 글자임.

▶ **角度**(각도) : 각의 크기.
▶ **頭角**(두각) : 여럿 중에서 특히 뛰어남.

한자의 뜻과 음을 생각하며, 순서에 따라 써 보세요.

價	ノイイ仁仁仕俨俨俨俨價價價價							
	價 價 價							
값 **가**								

加	フカ加加加							
	加 加 加							
더할 **가**								

可	一丁丁叮可							
	可 可 可							
옳을 **가**								

各	ノク久久各各							
	各 各 各							
각각 **각**								

角	ノク欠角角角角							
	角 角 角							
뿔 **각**								

感 느낄 **감**		마음 심(心)부, 총 13획　6급 다 같은 마음으로 느낀다는 뜻임. ▶ 感動(감동) : 깊이 느끼어 마음이 움직임. ▶ 所感(소감) : 마음에 느낀 바.
强 강할 **강**		활 궁(弓)부, 총 12획　6급 크고 단단한 껍질을 가진 벌레를 나타냄. ▶ 强大(강대) : 역량이 강하고 큼. ▶ 强力(강력) : 세력이 강함.
開 열 **개**		문 문(門)부, 총 12획　6급 두 손으로 문의 빗장을 여는 모습을 본뜬 글자임. ▶ 開花(개화) : 꽃이 피는 것. ▶ 公開(공개) : 모두에게 개방함.
改 고칠 **개**		등글월 문(攴〈攵〉)부, 총 7획　5급 회초리를 써서 자기 잘못을 고치거나 바로잡는다는 데서 '고치다', '바로잡다'의 뜻을 나타냄. ▶ 改過(개과) : 허물을 고침. ▶ 改良(개량) : 좋도록 고침.
客 손 **객**		갓머리(宀)부, 총 9획　5급 집에 각각 찾아오는 손님이라는 뜻임. ▶ 客席(객석) : 극장 등에서 손님이 앉는 자리. ▶ 客地(객지) : 집을 떠나 임시로 가 있는 곳.

한자의 뜻과 음을 생각하며, 순서에 따라 써 보세요.

感 느낄 **감**	ノ 厂 厂 厂 后 咸 咸 咸 咸 感 感 感 感 感 感
强 강할 **강**	フ ヨ 弓 弓 弘 弘 弘 弘 弘 强 强 强 强 强
開 열 **개**	l Π Π Π Π 門 門 門 門 開 開 開 開 開
改 고칠 **개**	フ ᄀ ᄅ ᄅ 改 改 改 改 改 改
客 손 **객**	ﾉ ﾉ 宀 宀 宀 宏 客 客 客 客 客 客

去 갈 **거**		사사 사(厶)부, 총 5획　⑤급 흙이 있는 곳으로 간다는 뜻임. ▶ 去來(거래) : 사거나 팔거나 하여 서로 금품을 주고받음. ▶ 過去(과거) : 지나간 때.
擧 들 **거**		손 수(手)부, 총 18획　⑤급 양 팔을 모아 손으로 든다는 뜻임. ▶ 擧手(거수) : 손을 위로 듦. ▶ 擧動(거동) : 행동하는 짓이나 태도.
件 물건 **건**		사람 인(亻)부, 총 6획　⑤급 농경 사회에서는 사람들이 소를 가장 소중히 여기는 물건이라는 데서 '물건'의 뜻임. ▶ 物件(물건) : 일정한 형체를 갖춘 모든 물질적 대상. ▶ 事件(사건) : 사회적으로 주목을 받을 만한 일.
健 굳셀 **건**		사람 인(亻)부, 총 11획　⑤급 사람이 무거운 기둥을 세울 수 있으니 '굳세다'는 뜻을 나타냄. ▶ 健全(건전) : 으뜸 가는 건실하고 완전함. ▶ 強健(강건) : 몸과 마음이 굳셈.
建 세울 **건**		민책받침(廴)부, 총 9획　⑤급 글씨를 쓸 때 붓을 세우고 쓴다는 데서 '세우다'의 뜻을 나타냄. ▶ 建國(건국) : 새로 나라를 세움. ▶ 建立(건립) : 건물이나 기념비 등을 만들어 세우는 것.

한자의 뜻과 음을 생각하며, 순서에 따라 써 보세요.

| 去 | 一 十 土 去 去 | | | | | | | |
| 갈 거 | 去 去 去 | | | | | | | |

| 擧 | ´ ⺍ ⺍ ⺍ ⺍ ⺍ ⺍ ⺍ ⺍ ⺍ 與 與 與 與 擧 擧 | | | | | | | |
| 들 거 | 擧 擧 擧 | | | | | | | |

| 件 | ノ イ イ 仁 件 件 | | | | | | | |
| 물건 건 | 件 件 件 | | | | | | | |

| 健 | ノ イ イ 仁 伊 伊 律 律 健 健 | | | | | | | |
| 굳셀 건 | 健 健 健 | | | | | | | |

| 建 | ㇆ ㇆ ㇆ ㇆ ㇆ 聿 聿 建 建 | | | | | | | |
| 세울 건 | 建 建 建 | | | | | | | |

格 격식 **격**		나무 목(木)부, 총 10획　**5급** 나무를 각각 격식에 맞게 이어 격자를 만든다는 데서 '격식'의 뜻을 나타냄. ▶ 格言(격언) : 교훈이 될 만한 짧은 말. ▶ 體格(체격) : 몸의 골격.

| 見
 볼 **견** | | 볼 견(見)부, 총 7획　**5급**
 사람이 눈으로 자세히 살핀다는 데서 '보다'의 뜻을 나타냄.

 ▶ 見物生心(견물생심) : 물건을 보면 가지고 싶은 욕심이 생김.
 ▶ 見習(견습) : 보면서 익히는 것. |

| 決
 결정할 **결** |  | 삼수변(氵〈水〉)부, 총 7획　**5급**
 물이라는 뜻의 '氵'와 터놓다라는 뜻의 '夬'을 합친 글자로, '결정하다'의 뜻을 나타냄.

 ▶ 決算(결산) : 계산을 마감함.
 ▶ 決心(결심) : 마음을 굳게 정함. |

| 結
 맺을 **결** |  | 실 사(糸)부, 총 12획　**5급**
 청실 홍실을 늘어뜨리고 길한 날을 골라 인연을 맺는다는 데서 '맺는다'의 뜻을 나타냄.

 ▶ 結局(결국) : 일이 귀결되는 국면.
 ▶ 結末(결말) : 일을 맺는 끝. |

| 京
 서울 **경** |  | 돼지해머리(亠)부, 총 8획　**6급**
 임금이 사는 높은 성의 모습을 본뜬 글자로, '서울'의 뜻을 나타냄.

 ▶ 上京(상경) : 서울에 올라감.
 ▶ 在京(재경) : 서울에 있음. |

한자의 뜻과 음을 생각하며, 순서에 따라 써 보세요.

格	一 十 才 木 析 柊 格 格 格 格
격식 **격**	格 格 格

見	丨 冂 冃 月 目 貝 見
볼 **견**	見 見 見

決	丶 冫 氵 沪 江 決 決
결정할 **결**	決 決 決

結	乀 纟 纟 纟 纟 系 紆 紆 結 結 結
맺을 **결**	結 結 結

京	丶 亠 亡 古 古 宁 京 京
서울 **경**	京 京 京

漢字

敬 공경할 **경**		둥글월 문(攵〈攴〉)부, 총 13획 **5급** 진정한 마음으로 회초리로 채찍질하여 가르치는 사람을 '공경한다' 는 뜻임. ▶ 敬語(경어) : 존경하여 높이는 말. ▶ 敬老(경로) : 노인을 공경함.
景 볕·경치 **경**		날 일(日)부, 총 12획 **5급** 해가 뜬 서울의 경치라는 데서 '볕, 경치'의 뜻을 나타냄. ▶ 景觀(경관) : 경치. ▶ 光景(광경) : 눈으로 본 인상적인 경치나 충격적인 사건의 모양.
輕 가벼울 **경**		수레 거(車)부, 총 14획 **5급** 짐을 수레에 싣거나 물에 띄워 운반하면 '가볍다' 는 뜻임. ▶ 輕重(경중) : 가벼움이나 무거움. ▶ 輕洋食(경양식) : 간단한 서양식 일품요리.
競 다툴 **경**		설 립(立)부, 총 20획 **5급** 형 둘이 서서 다투는 모양으로, '다투다' 의 뜻을 나타냄. ▶ 競技(경기) : 서로 재주를 비교하여 낫고 못함을 경쟁함. ▶ 競爭心(경쟁심) : 남과 겨루어 이기려는 마음.
界 지경 **계**		밭 전(田)부, 총 9획 **6급** 밭과 밭 사이에 끼인 선이 '경계' 라는 뜻임. ▶ 世界(세계) : 온 세상. ▶ 各界(각계) : 사회의 각 방면.

한자의 뜻과 음을 생각하며, 순서에 따라 써 보세요.

敬	ㅣ ㅑ ㅏ ㅏ ㅕ ㅕ 苟 苟 苟 苟 敬 敬
공경할 **경**	敬 敬 敬
景	ㅣ ㅁ ㅁ ㅂ 昌 昌 昙 昙 昙 景 景
볕·경치 **경**	景 景 景
輕	ㄱ ㄱ ㅁ 甘 甘 亘 車 車 車 輕 輕 輕 輕 輕
가벼울 **경**	輕 輕 輕
競	ㆍ ㅑ ㅑ ㅎ 立 쿄 쿄 쿈 쿈 竞 竞 竞 竞 競 競 競 競 競
다툴 **경**	競 競 競
界	ㅣ ㅁ ㅁ ㅁ 田 田 果 果 界 界
지경 **계**	界 界 界

計 셀 계		말씀 언(言)부, 총 9획 **6급** 수를 소리내어 헤아린다는 데서 '세다'의 뜻을 나타냄. ▶ 計算(계산) : 셈을 헤아림. ▶ 合計(합계) : 많은 수나 양을 합하여 셈함.
高 높을 고		높을 고(高)부, 총 10획 **6급** 높이 솟은 누각의 모습을 본뜬 글자로, '높다'의 뜻을 나타냄. ▶ 高手(고수) : 바둑·장기 등에서 수가 높은 사람. ▶ 高度(고도) : 높은 정도.
苦 쓸·괴로울 고		초두(艹〈艸〉)부, 총 9획 **6급** 풀이 오래 묵을수록 쓰다는 데서 '쓰다, 괴롭다'의 뜻을 나타냄. ▶ 苦生(고생) : 어렵고 괴로운 생활. ▶ 苦行(고행) : 고뇌를 견뎌 내는 수행.
古 예 고		입 구(口)부, 총 5획 **6급** 십대씩이나 입으로 전해 내려오는 옛날 이야기라는 데서 '옛'의 뜻을 나타냄. ▶ 古代(고대) : 옛 시대. ▶ 古物(고물) : 옛 물건.
告 고할 고		입 구(口)부, 총 7획 **5급** 제단에 소를 잡아 제물로 바쳐 놓고 신에게 아뢴다는 데서 '고하다, 알리다'의 뜻을 나타냄. ▶ 告白(고백) : 솔직히 말함. ▶ 告發(고발) : 신고하여 처벌을 받게 하는 일.

한자의 뜻과 음을 생각하며, 순서에 따라 써 보세요.

計 셀 계	` 二 亠 亖 亖 言 言 言 計 計　計　計
高 높을 고	` 二 亠 亠 古 占 高 高 高 高 高　高　高
苦 쓸·괴로울 고	` 十 十 艹 끄 꾸 꿒 苦 苦 苦　苦　苦
古 예 고	一 十 十 古 古 古　古　古
告 고할 고	' 一 ᅩ 生 牛 告 告 告　告　告

固

굳을 고

큰입구몸(口)부, 총 8획　5급

성을 오래 걸려 쌓으니 굳고 튼튼하다는 데서 '굳다'의 뜻을 나타냄.

▶ 固有(고유) : 본디부터 지니고 있는 특별함.
▶ 固定(고정) : 한 곳에 자리잡아 움직이지 않음.

考

생각할 고

늙을로엄(耂〈老〉)부, 총 6획　5급

늙어서 땅 아래로 들어갈 것을 생각한다는 데서 '생각하다'의 뜻을 나타냄.

▶ 考案(고안) : 어떤 안을 생각해 냄.
▶ 思考(사고) : 생각하고 궁리함.

曲

굽을 곡

가로 왈(曰)부, 총 6획　5급

대나무나 싸리로 만든 바구니 윗부분의 굽은 모양을 본뜬 글자로, '굽다'의 뜻을 나타냄.

▶ 歌曲(가곡) : 서양 음악에서 시에 곡을 붙인 성악곡.
▶ 曲面(곡면) : 공의 표면처럼 곡선으로 이루어진 면.

功

공 공

힘 력(力)부, 총 5획　6급

만드는 데 힘써 공을 이룬다는 데서 '공'의 뜻을 나타냄.

▶ 功德(공덕) : 착한 일을 하여 쌓은 업적과 덕.
▶ 成功(성공) : 목적하는 바를 이룸.

公

공평할
공변될 공

여덟 팔(八)부, 총 4획　6급

사사로운 물건이라도 공정하게 나눈다는 데서 '공평하다, 공변되다'의 뜻을 나타냄.

▶ 公共(공공) : 공동으로 관계되는 것.
▶ 公開(공개) : 관람 등을 일반에게 허용함.

한자의 뜻과 음을 생각하며, 순서에 따라 써 보세요.

固	｜ 冂 冃 冃 円 冑 固 固						
굳을 **고**	固 固 固						

考	一 十 土 耂 老 考						
생각할 **고**	考 考 考						

曲	｜ 冂 日 曲 曲 曲						
굽을 **곡**	曲 曲 曲						

功	一 丁 工 丏 功						
공 **공**	功 功 功						

公	丿 八 公 公						
공평할·공변될 **공**	公 公 公						

共 함께 공		여덟 팔(八)부, 총 6획　**6급** 네모난 물건을 두 손으로 들어올리는 모양을 나타낸 글자로, '함께'의 뜻을 나타냄. ▶ 共同(공동) : 여럿이 같이 함. ▶ 共用(공용) : 공동으로 사용함.
科 과목 과		벼 화(禾)부, 총 9획　**6급** 벼를 말 단위로 된다는 뜻임. ▶ 科學(과학) : 넓은 뜻으로 철학을 제외한 모든 학문. ▶ 教科(교과) : 가르치는 과목.
果 열매 과		나무 목(木)부, 총 8획　**6급** 나무에 열매가 열려 있는 모양을 본뜬 글자로, '열매'의 뜻을 나타냄. ▶ 果實(과실) : 먹을 수 있는 열매. ▶ 成果(성과) : 이루어 낸 결실.
課 부과할 과 과 정 과		말씀 언(言)부, 총 15획　**5급** 말을 들어 보고 농사지은 결과에 따라 세금을 부과한다는 데서 '부과하다'의 뜻을 나타냄. ▶ 課題(과제) : 부과된 문제. ▶ 課外(과외) : 정해진 학과 과정이나 근무 시간 밖.
過 지날 과		책받침(辶〈辵〉)부, 총 13획　**5급** 삐뚤게 하고 뛰어갔다는 데서 '지나다'의 뜻을 나타냄. ▶ 過去(과거) : 지나간 때. ▶ 過客(과객) : 지나가는 나그네.

한자의 뜻과 음을 생각하며, 순서에 따라 써 보세요.

共	一 十 卄 丗 丗 共						
함께 **공**	共	共	共				

科	´ 二 千 千 禾 禾 科 科						
과목 **과**	科	科	科				

果	丨 冂 冃 曰 旦 里 果 果						
열매 **과**	果	果	果				

課	` 亠 亠 亖 言 言 言 訂 訶 訶 訶 課 課						
부과할·과정 **과**	課	課	課				

過	丨 冂 丹 丹 丹 咼 咼 咼 冎 渦 渦 過						
지날 **과**	過	過	過				

3 장

漢字

觀 볼 관		볼 견(見)부, 총 25획　5급 황새가 빙 돌며 먹을 것을 찾기 위해 본다는 데서 '보다'의 뜻을 나타냄. ▶ 觀客(관객) : 구경하는 사람. ▶ 觀光地(관광지) : 경치가 좋고 유적·문화재 등이 있어 관광객이 모이는 곳.
關 관계할 관		문 문(門)부, 총 19획　5급 문을 걸어 잠그도록 이어 주는 빗장은 양쪽을 이어 준다는 데서 '관계하다'의 뜻을 나타냄. ▶ 關心(관심) : 어떤 일이나 대상에 흥미를 가지고 마음을 쓰거나 알고 싶어하는 상태. ▶ 關東(관동) : 대관령 동쪽 지방(강원도 지방).
光 빛 광		어진사람인(儿)부, 총 6획　6급 무릎 꿇은 사람의 머리 위에 반짝이는 빛이 있는 모습을 본뜬 글자로, '빛'의 뜻을 나타냄. ▶ 光明(광명) : 밝고 환함. 밝은 빛. ▶ 光景(광경) : 눈에 보이는 경치.
廣 넓을 광		집 엄(广)부, 총 15획　5급 집 앞에 누런 밭과 토지가 넓게 펼쳐져 있다는 데서 '넓다'의 뜻을 나타냄. ▶ 廣場(광장) : 넓은 마당. ▶ 廣告(광고) : 세상에 널리 알림.
交 사귈 교		돼지해머리(亠)부, 총 6획　6급 사람이 걸을 때 두 발이 교차하는 모양을 본뜬 글자로, '사귀다'의 뜻을 나타냄. ▶ 交友(교우) : 벗을 사귀는 것. ▶ 交代(교대) : 서로 번갈아 하는 것.

한자의 뜻과 음을 생각하며, 순서에 따라 써 보세요.

觀	⺊ ⺊ ⺊ ⺊ ⺊ ⺊ ⺊ ⺊ ⺊ ⺊ 藋 藋 藋 藋 藋 藋 藋 藋 觀 觀 觀 觀 觀 觀							
볼 **관**	觀	觀	觀					

關	⎾ ⎾ ⎾ ⎾ ⎾ 門 門 門 門 門 門 門 關 關 關 關 關 關							
관계할 **관**	關	關	關					

光	⎸ ⺊ ⺊ ⺊ ⺊ 光							
빛 **광**	光	光	光					

廣	⸜ 广 广 广 广 产 庐 庐 庐 庐 庐 庸 庸 廣 廣							
넓을 **광**	廣	廣	廣					

交	⸜ 一 亠 六 亣 交							
사귈 **교**	交	交	交					

橋
다리 교

나무 목(木)부, 총 16획　**5급**

나무로 높고 크게 걸쳐 놓은 것이 '다리'라는 뜻임.

▶ 人道橋(인도교) : 사람이 다니도록 놓은 다리.
▶ 陸橋(육교) : 도로 위, 공중으로 가로질러 놓은 다리.

球
공·구슬 구

구슬 옥(玉)부, 총 11획　**6급**

구슬 옥(玉)과 구할 구(求)를 합한 글자로, '구슬, 공'의 뜻을 나타냄.

▶ 球技(구기) : 공을 사용하는 운동 경기.
▶ 地球(지구) : 사람이 살고 있는 땅.

區
구분할 구
구　역

터진에운담(匚)부, 총 11획　**6급**

선반에 놓인 세 개의 그릇을 본뜬 글자로, '구분하다'의 뜻을 나타냄.

▶ 區內(구내) : 구역의 안.
▶ 區間(구간) : 일정한 지점의 사이.

具
갖출 구

여덟 팔(八)부, 총 8획　**5급**

두 손에 돈을 쥐고 있으니 무엇이든 갖출 수 있다는 데서 '갖추다'의 뜻을 나타냄.

▶ 用具(용구) : 무엇을 하거나 만드는 데 쓰는 여러 가지 도구.
▶ 具體化(구체화) : 구체적으로 되게 함.

救
구원할 구

등글월 문(攵〈攴〉)부, 총 11획　**5급**

강자를 쳐서 약자를 구한다는 데서 '구원하다'의 뜻을 나타냄.

▶ 救命(구명) : 목숨을 건져 줌.
▶ 救出(구출) : 구하여 냄.

한자의 뜻과 음을 생각하며, 순서에 따라 써 보세요.

橋 다리 교	一 十 十 才 术 术 栌 栌 桥 橋 橋 橋 橋 橋 橋
	橋 橋 橋

球 공·구슬 구	一 二 于 王 王 王 玗 玗 玎 球 球
	球 球 球

區 구분할·구역 구	一 丁 丁 両 両 品 品 品 品 品 區
	區 區 區

具 갖출 구	丨 冂 冂 目 且 且 具 具
	具 具 具

救 구원할 구	一 十 寸 丰 才 求 求 求 救 救
	救 救 救

舊

예 구

절구 구(臼)부, 총 18획 　5급

풀밭에서 새가 놀고, 절구질하던 때는 옛날 이라는 데서 '옛'의 뜻을 나타냄.

▶ 舊面(구면) : 이전부터 알고 있는 사람.
▶ 舊式(구식) : 옛 양식이나 방식.

局

판 국

주검시엄(尸)부, 총 7획 　5급

자로 재듯이 정확한 말로 법도에 따라 일을 하 는 관청의 일부라는 데서 '판'의 뜻을 나타냄.

▶ 局面(국면) : 어떤 일이 벌어진 장면이나 형 편.
▶ 終局(종국) : 일의 마지막.

郡

고을 군

우부방(阝〈邑〉)부, 총 10획 　6급

임금의 명을 받아 고을을 다스린다는 데서 '고을'의 뜻을 나타냄.

▶ 郡內(군내) : 고을 안.
▶ 郡民(군민) : 그 군에 사는 백성.

貴

귀할 귀

조개 패(貝)부, 총 12획 　5급

삼태기 안에 돈을 담아 소중히 간직한다는 데서 '귀하다'의 뜻을 나타냄.

▶ 品貴(품귀) : 물건이 귀함.
▶ 貴重(귀중) : 귀하고 소중함.

規

법 규

볼 견(見)부, 총 11획 　5급

여자가 지아비를 볼 때는 법도를 따른다는 데서 '법'의 뜻을 나타냄.

▶ 規定(규정) : 규칙으로서 정함. 혹은 그 정해 놓은 것.
▶ 規則(규칙) : 지키고 따라야 할 법칙.

한자의 뜻과 음을 생각하며, 순서에 따라 써 보세요.

舊	⟍ ⟋ ⺊ ⻀ ⺊⻀ 芢 芢 芢 萑 萑 萑 萑 舊 舊 舊		
예 **구**	舊 舊 舊		

局	⟋ ⺕ 尸 尸 局 局 局		
판 **국**	局 局 局		

郡	⟋ ⺕ ⺕ 尹 尹 君 君 君⻏ 郡 郡		
고을 **군**	郡 郡 郡		

貴	⟍ ⼝ ⼞ 中 虫 串 貴 貴 貴 貴 貴 貴		
귀할 **귀**	貴 貴 貴		

規	⼀ ⼆ 丰 丰 邦 邦 規 規 規 規 規		
법 **규**	規 規 規		

가까울 근

책받침(辶〈辵〉)부, 총 8획　6급

달려가 도끼로 찍을 만큼 가까운 거리에 있다는 데서 '가깝다'의 뜻을 나타냄.

▶ 近來(근래) : 요사이.
▶ 近方(근방) : 근처.

뿌리 근

나무 목(木)부, 총 10획　6급

나무가 머물러 서 있는 것은 뿌리 때문이라는 데서 '뿌리'의 뜻을 나타냄.

▶ 根本(근본) : 사물의 본바탕.
▶ 草根(초근) : 풀뿌리.

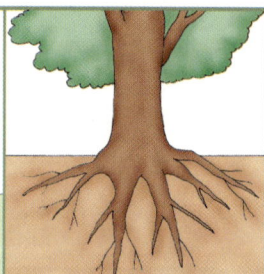
이제 금

사람 인(人)부, 총 4획　6급

사람이 모이는 곳에 때맞춰 간다는 데서 '이제, 지금'의 뜻을 나타냄.

▶ 古今(고금) : 옛날과 지금.
▶ 今日(금일) : 오늘.

급할 급

마음 심(心)부, 총 9획　6급

빨리 이으려고 하는 마음이 '급하다'는 뜻임.

▶ 急救(급구) : 급히 구원함.
▶ 時急(시급) : 시간이 절박하여 몹시 급함.

등급 급

실 사(糸)부, 총 10획　6급

실을 이어가듯 차례대로 등급을 매긴다는 데서 '등급'의 뜻을 나타냄.

▶ 級友(급우) : 같은 학급의 친구.
▶ 初級(초급) : 맨 처음의 등급.

한자의 뜻과 음을 생각하며, 순서에 따라 써 보세요.

近 가까울 근	´ ´ ┌ ┌ ㄏ ㄏ 斤 斤 近 近 近	近 近 近					
根 뿌리 근	一 十 才 木 杧 杧 杧 根 根 根	根 根 根					
今 이제 금	ノ 人 ㅅ 今	今 今 今					
急 급할 급	ノ ⺈ ⺈ ⺈ 刍 刍 急 急 急	急 急 急					
級 등급 급	ˊ ㄥ ㄠ 纟 纟 糸 糸 紅 紉 級 級	級 級 級					

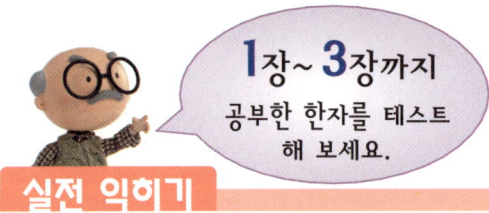

1 다음 漢字語의 讀音을 例에서 찾아 그 번호를 쓰세요.

> 例 ① 상경 ② 관계 ③ 계산 ④ 결산 ⑤ 고가
> ⑥ 경중 ⑦ 경상 ⑧ 관심 ⑨ 공상 ⑩ 공개

(1) 高價 (   )   (2) 計算 (   )   (3) 關心 (   )

(4) 公開 (   )   (5) 上京 (   )   (6) 輕重 (   )

2 다음 漢字의 訓과 音을 쓰세요.

(1) 角 (   )   (2) 改 (   )

(3) 決 (   )   (4) 告 (   )

(5) 曲 (   )   (6) 廣 (   )

3 다음 밑줄 친 漢字語를 漢字로 쓰세요.

(1) 그는 전국 각지를 떠돌아다닌다. (   )

(2) 깊은 감동을 자아내다. (   )

(3) 그는 우리 나라의 대표적인 가수이다. (   )

4 다음 뜻을 가진 漢字語를 例에서 찾아 그 번호를 쓰세요.

例 ① 根本 ② 局面 ③ 見學 ④ 見習

(1) 어떤 일이 벌어진 장면이나 형편. (   )

(2) 실지로 보고 그 일에 관한 지식을 넓히는 것. (   )

5 다음 訓과 音에 맞는 漢字를 쓰세요.

例 글자 자 ⋯ 字

(1) 서울 경 ⇨ (   )   (2) 지경 계 ⇨ (   )

(3) 뿌리 근 ⇨ (   )   (4) 급할 급 ⇨ (   )

6 다음 (   ) 안에 들어갈 漢字를 例에서 찾아 그 번호를 쓰세요.

例 ① 使 ② 件 ③ 小 ④ 見 ⑤ 財
    ⑥ 少 ⑦ 景 ⑧ 根 ⑨ 建 ⑩ 敬

(1) (   )物生心   (2) 男女老(   )

(3) (   )天愛人   (4) 事事(   )(   )

■ 만화로 배우는 고사성어

권 토 중 래 ❖ 땅을 휘말 듯한 거센 기세로 되돌아온다는 뜻으로, 한번 실패한 사람이 다시 실력을 쌓아 기어이 성공하는 것을 비유해 쓰입니다.

捲 土 重 來
말 권　흙 토　무거울 중　올 래

오늘은 반장을 뽑을 테니까 마땅한 사람을 추천해 봐.

스승님, 질문 있습니다.

뭔데?

반장이 될 자격은 무엇인지요?

아무래도 통솔력이 있고, 친구들과 사이가 좋은 사람이어야겠지.

그럼 바로 저를 말하는 거로군요.

쯧쯧, 그야 투표를 해 봐야 알 일이 아니냐?

투표는 해 보나 마나라니까요.

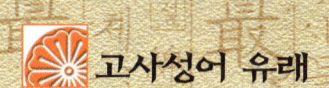

권토중래 (捲土重來)

'권토중래'란 당나라 시인인 두목[杜牧(803~852)]이 지은 《제오강정(題烏江亭)》의 내용 중에 있는 말입니다.

초나라의 항우는 한나라의 유방과 천하를 두고 다툴 때 형세가 불리해지자 스스로 목숨을 끊었습니다.

이 역사적인 사실을 두고 지은 시가 바로 '제오강정'입니다.

두목은 이 시에서 권토중래란 말을 썼는데, 그 뜻은 처음에 패했더라도 다시 힘을 길러 반격을 하면 된다는 것으로, 항우의 성급한 자결을 한탄하는 뜻이 담겨 있습니다.

오늘날 '권토중래'란 어떤 일에 한번 실패한 사람이 다시 힘을 길러 기어이 성공하는 경우를 가리키는 말로 쓰이고 있습니다.

給 줄 급		실 사(糸)부, 총 12획　5급 실을 합하여 이어 주듯 물건을 계속 준다는 데서 '주다'의 뜻을 나타냄. ▶ 給食(급식) : 식사를 제공함. ▶ 發給(발급) : 발행하여 줌.
基 터 기		흙 토(土)부, 총 11획　5급 그 땅에 토대를 세운다는 데서 '터'의 뜻을 나타냄. ▶ 基本(기본) : 사물의 가장 중요한 밑바탕. ▶ 基地(기지) : 작전이나 행동의 중요 지점.
己 몸 기		몸 기(己)부, 총 3획　5급 무릎을 꿇고 앉아 있는 사람의 모습을 본뜬 글자로, '몸'의 뜻을 나타냄. ▶ 自己(자기) : 그 사람 자신. ▶ 利己(이기) : 자기 자신의 이익만을 꾀함.
技 재주 기		손 수(扌〈手〉)부, 총 7획　5급 손으로 좋고 나쁜 것을 갈라놓은 것이 '재 주'라는 뜻임. ▶ 技能(기능) : 기술을 쓸 수 있는 능력이나 재 주. ▶ 技法(기법) : 기교와 방법.
期 기약할 기		달 월(月)부, 총 12획　5급 보름달이 뜨는 그 날에 만나기로 기약한다는 데서 '기약하다'의 뜻을 나타냄. ▶ 期待(기대) : 믿고 기다림. ▶ 初期(초기) : 어떤 기간의 처음이 되는 시기 나 때.

한자의 뜻과 음을 생각하며, 순서에 따라 써 보세요.

給	⟋ ⟍ ⟨ ⟨ ⟨ ⟨ ⟨ ⟨ ⟨ 給 給 給
줄 **급**	給 給 給

基	一 十 卄 卄 甘 其 芇 其 其 基 基
터 **기**	基 基 基

己	一 コ 己
몸 **기**	己 己 己

技	一 十 扌 扌 扌 抃 技
재주 **기**	技 技 技

期	一 十 卄 卄 甘 其 其 期 期 期 期
기약할 **기**	期 期 期

汽 물끓는김 기		물 수(氵〈水〉)부, 총 7획　5급 물을 끓일 때 나오는 기체라는 데서 '김, 증기'의 뜻을 나타냄. ▶ 汽船(기선) : 증기력으로 운행하는 배. ▶ 汽車(기차) : 증기의 작용으로 궤도 위를 운행하는 차.
吉 길할 길		입 구(口)부, 총 6획　5급 선비의 입에서는 참되고 좋은 말이 나온다는데서 '길하다'의 뜻을 나타냄. ▶ 吉日(길일) : 좋은 날. ▶ 不吉(불길) : 좋지 않음.
念 생각 념		마음 심(心)부, 총 8획　5급 지금 가지고 있는 마음이라는 데서 '생각'의 뜻을 나타냄. ▶ 觀念(관념) : 생각, 견해. ▶ 信念(신념) : 굳게 믿는 마음.
能 능할 능		육달월(月〈肉〉)부, 총 10획　5급 곰의 형상을 본뜬 글자로, 곰이 재주가 많다는 데서 '능하다'의 뜻을 나타냄. ▶ 可能(가능) : 할 수 있음. ▶ 能力(능력) : 일을 감당해 낼 수 있는 힘.
多 많을 다		저녁 석(夕)부, 총 6획　6급 저녁마다 생각이 많다는 데서 '많다'의 뜻을 나타냄. ▶ 多量(다량) : 많은 분량. ▶ 過多(과다) : 지나치게 많음.

한자의 뜻과 음을 생각하며, 순서에 따라 써 보세요.

汽	ﾟ ﾟ ﾟ ﾟ ﾟ 汽 汽 汽					
汽 汽 汽					
물끓는김 **기**						

吉	一 十 士 吉 吉 吉					
吉 吉 吉					
길할 **길**						

念	ﾉ 人 仝 今 今 念 念 念					
念 念 念					
생각 **념**						

能	ﾑ ﾑ ﾑ ﾑ ﾑ 能 能 能					
能 能 能					
능할 **능**						

多	ﾉ ﾀ ﾀ 多 多 多					
多 多 多					
많을 **다**						

短 짧을 **단**		화살 시(矢)부, 총 12획 6급 콩처럼 작고 화살처럼 빠르고 짧게 날아간다는 데서 '짧다'의 뜻을 나타냄. ▶ 長短(장단) : 박자와 리듬. ▶ 短見(단견) : 짧은 소견.
團 둥글 **단**		큰입구몸(口)부, 총 14획 5급 에워싼 듯 오로지 한 마음으로 둥글게 단체를 이룬다는 데서 '둥글다'의 뜻을 나타냄. ▶ 團結(단결) : 많은 사람이 한데 뭉침. ▶ 團地(단지) : 집단으로 형성된 곳.
壇 단 **단**		흙 토(土)부, 총 16획 5급 흙 위에 계단과 제사상을 쌓고 제물을 올려놓는 곳이라는 데서 '단(제단)'의 뜻을 나타냄. ▶ 登壇(등단) : 연단 또는 교단에 오름. ▶ 文壇(문단) : 문학인들의 사회.
談 말씀 **담**		말씀 언(言)부, 총 15획 5급 화롯가에 둘러앉아 이야기를 나눈다는 데서 '말씀'의 뜻을 나타냄. ▶ 德談(덕담) : 잘 되기를 비는 말. ▶ 會談(회담) : 모여서 이야기함.
當 마땅할 **당**		밭 전(田)부, 총 13획 5급 높일 상(尙)과 밭 전(田)을 합쳐 만든 글자로, '마땅하다'의 뜻을 나타냄. ▶ 當代(당대) : 그 시대. 현시대. ▶ 正當(정당) : 바르고 마땅함.

한자의 뜻과 음을 생각하며, 순서에 따라 써 보세요.

短	ノ 亠 宀 午 矢 矢 矢 知 知 短 短 短		
짧을 **단**	短 短 短		

團	丨 冂 冂 冃 冃 同 同 同 圃 圃 圃 圃 團 團 團		
둥글 **단**	團 團 團		

壇	一 十 土 圵 圹 圹 坛 坛 垍 壇 壇 壇 壇 壇		
단 **단**	壇 壇 壇		

談	丶 亠 亠 言 言 言 言 言 談 談 談 談 談 談		
말씀 **담**	談 談 談		

當	丨 丬 丬 尚 尚 告 告 告 常 常 當 當 當		
마땅할 **당**	當 當 當		

		흙 토(土)부, 총 11획　**6급**
堂 집 당		땅 위에 인공으로 쌓아올린 토대라는 데서 '집'의 뜻을 나타냄. ▶ 食堂(식당) : 식사하는 곳. ▶ 堂堂(당당) : 의젓하고 떳떳함.

두인변(彳)부, 총 9획　**6급**

待
기다릴 대

바삐 절에 가서 불공드릴 순서를 기다린다는 데서 '기다리다'의 뜻을 나타냄.

▶ 期待(기대) : 바라고 기다리는 것.
▶ 待令(대령) : 명령을 기다림.

사람 인(亻〈人〉)부, 총 5획　**6급**

代
대신할 대

국경에 말뚝 대신 파수병을 세운 데서 '대신하다'의 뜻을 나타냄.

▶ 代價(대가) : 물건을 값으로 치르는 돈.
▶ 時代(시대) : 어떤 기준으로 구분한 일정한 기간.

마디 촌(寸)부, 총 14획　**6급**

對
대할 대

경계로 대나무를 심어 놓은 곳에서 항상 다툼이 되어 대한다는 데서 '대하다'의 뜻을 나타냄.

▶ 對立(대립) : 서로 맞섬.
▶ 對話(대화) : 이야기함.

두인변(彳)부, 총 15획　**5급**

德
큰 덕

행동이 바르며, 마음이 너그러운 것이 큰 덕이라는 데서 '크다'의 뜻을 나타냄.

▶ 德分(덕분) : 남이 베풀어 준 은혜나 도움.
▶ 德行(덕행) : 어질고 착한 행실.

한자의 뜻과 음을 생각하며, 순서에 따라 써 보세요.

堂	ᅟ ᅟ ᅟ ᅟ ᅟ ᅟ ᅟ ᅟ ᅟ ᅟ ᅟ 堂 堂 堂						
집 **당**	堂 堂 堂						

待	ᅟ ᅟ ᅟ ᅟ ᅟ ᅟ ᅟ ᅟ 待 待						
기다릴 **대**	待 待 待						

代	ᅟ ᅟ ᅟ 代 代						
대신할 **대**	代 代 代						

對	ᅟ ᅟ ᅟ ᅟ ᅟ ᅟ ᅟ ᅟ ᅟ ᅟ ᅟ ᅟ ᅟ 對 對						
대할 **대**	對 對 對						

德	ᅟ ᅟ ᅟ ᅟ ᅟ ᅟ ᅟ ᅟ 德 德 德 德 德 德						
큰 **덕**	德 德 德						

圖 그림 도		큰입구몸(口)부, 총 14획　6급 에워싼 사람들에게 입으로 광의 설계도를 설명한다는 데서 '그림'의 뜻을 나타냄. ▶ 圖面(도면) : 설계 그림. ▶ 地圖(지도) : 지구 표면을 그린 그림.
度 법도 도		엄호(广)부, 총 9획　6급 집에서 엮은 고기를 잡고서 길이를 잰다는 뜻임. ▶ 法度(법도) : 마땅히 지켜야 할 격식. ▶ 過度(과도) : 정도에 지나침.
到 이를 도		칼 도(刂〈刀〉)부, 총 8획　5급 표적을 향해 던진 칼끝이 과녁에 이르렀다는 데서 '이르다, 닿다'의 뜻을 나타냄. ▶ 到來(도래) : 어떤 시기나 기회가 닥쳐옴. ▶ 當到(당도) : 어떤 곳에 다다름.
島 섬 도		메 산(山)부, 총 10획　5급 새가 바다 가운데의 산에 앉은 곳이 섬이라는 데서 '섬'의 뜻을 나타냄. ▶ 無人島(무인도) : 사람이 살지 않는 섬. ▶ 半島(반도) : 삼면이 바다이고 한 면만 육지로 이어진 땅.
都 도읍 도		고을 읍(阝〈邑〉)부, 총 12획　5급 많은 사람들이 모여 사는 고을이 도읍이라는 데서 '도읍'의 뜻을 나타냄. ▶ 都心(도심) : 도시의 중심부. ▶ 都市(도시) : 일정한 지역의 정치·경제·문화의 중심이 되는 인구가 집중된 지역.

한자의 뜻과 음을 생각하며, 순서에 따라 써 보세요.

圖	丨 冂 冂 冂 冃 冃 圕 圕 圖 圖 圖 圖 圖 圖
그림 도	圖 圖 圖

度	` 一 广 广 户 庐 庐 度 度
법도 도	度 度 度

到	一 厶 互 至 至 至 到 到
이를 도	到 到 到

島	´ ´ ´ 户 卢 自 鸟 島 島 島 島
섬 도	島 島 島

都	一 十 土 耂 耂 者 者 者 者 者 都 都
도읍 도	都 都 都

讀 읽을 독		말씀 언(言)부, 총 22획 **6급** 물건을 팔 때 소리를 지르듯 소리내어 책을 읽는다는 데서 '읽다'의 뜻을 나타냄. ▶ 讀書(독서) : 책을 읽음. ▶ 讀後感(독후감) : 책을 읽고 난 뒤의 소감.
獨 홀로 독		개 견(犭〈犬〉)부, 총 16획 **5급** 그물에 걸린 벌레나 짐승이 단 한 마리라는 데서 '홀로'의 뜻을 나타냄. ▶ 獨身(독신) : 배우자가 없는 사람. ▶ 獨子(독자) : 외아들.
童 아이 동		설 립(立)부, 총 12획 **6급** 마을 어귀에 서서 노는 자가 아이들이라는 데서 '아이'의 뜻을 나타냄. ▶ 童心(동심) : 어린이의 마음. ▶ 童話(동화) : 어린이를 위해 동심을 바탕으로 지은 이야기.
頭 머리 두		머리 혈(頁)부, 총 16획 **6급** 콩 두(豆)와 머리 혈(頁)이 합쳐진 글자로, '머리'의 뜻을 나타냄. ▶ 頭序(두서) : 순서. ▶ 先頭(선두) : 대열이나 행렬, 활동 등에서 맨 앞.
等 무리 등		대 죽(竹)부, 총 12획 **6급** 대나무가 절 주변에 무리를 이루어 심어져 있다는 데서 '무리'의 뜻을 나타냄. ▶ 等級(등급) : 높낮이의 차례. ▶ 對等(대등) : 양쪽 사이에 낫고 못함이 없음.

한자의 뜻과 음을 생각하며, 순서에 따라 써 보세요.

| 讀
읽을 **독** | ` ｀ ㇐ ㇐ 訁 訁 訁 訁 計 計 計 詰 詰 讀 讀 讀
讀 讀 讀 讀 讀 讀 讀
讀 讀 讀 | | | | | | |

| 獨
홀로 **독** | ﾉ ｊ ｊ ｊ 犭 犭 犭 犭 犭 猬 猬 獨 獨 獨 獨
獨 獨 獨 | | | | | | |

| 童
아이 **동** | ` ㇐ ㇐ ㇐ 立 产 产 音 音 音 童 童
童 童 童 | | | | | | |

| 頭
머리 **두** | ` ㇐ ㇐ ㇐ ㇐ 豆 豆 豆 豆 豆 頭 頭 頭 頭 頭 頭
頭 頭 頭 | | | | | | |

| 等
무리 **등** | ﾉ ﾉ ㇏ 竹 竹 竹 竹 竺 笁 笁 等 等
等 等 等 | | | | | | |

51

樂

즐거울 **락**
노 래 **악**
좋아할 **요**

나무 목(木)부, 총 15획　　**6급**

악기 모양을 본뜬 글자로, '즐겁다, 노래하다, 좋아하다'의 뜻을 나타냄.

▶ 樂觀(낙관) : 일이나 형편을 희망적으로 봄.
▶ 音樂(음악) : 소리로 감정을 나타내는 예술.
▶ 樂山樂水(요산요수) : 산을 좋아하고 물을 좋아함.

落

떨어질 **락**

초두머리(艹〈艸〉)부, 총 13획　　**5급**

풀에서 물방울이 각각 떨어진다는 데서 '떨어지다'의 뜻을 나타냄.

 ▶ 落水(낙수) : 떨어지는 물.
▶ 落花(낙화) : 꽃이 떨어짐.

朗

밝을 **랑**

달 월(月)부, 총 11획　　**5급**

착한 사람의 마음은 달빛처럼 환하다는 데서 '밝다'의 뜻을 나타냄.

 ▶ 朗讀(낭독) : 소리를 내어 읽음.
▶ 明朗(명랑) : 밝고 쾌활함.

冷

찰 **랭**

이수변(冫)부, 총 7획　　**5급**

명령은 얼음처럼 차다라는 데서 '차다'의 뜻을 나타냄.

 ▶ 冷氣(냉기) : 차가운 기운.
▶ 冷情(냉정) : 매정하고 쌀쌀함.

良

어질 **량**

머무를 간(艮)부, 총 7획　　**5급**

풍구의 모양을 본뜬 글자로, 정선된 것이 좋다는 데서 '어질다'의 뜻을 나타냄.

 ▶ 良民(양민) : 선량한 백성.
▶ 改良(개량) : 고쳐서 좋게 함.

한자의 뜻과 음을 생각하며, 순서에 따라 써 보세요.

樂 즐거울 **락**, 노래 **악**, 좋아할 **요**	ノ ′ ′ ′ ′ ′ 鄕 鄕 鄕 鄕 鄕 樂 樂 樂 樂						
	樂	樂	樂				
落 떨어질 **락**	` 一 艹 艹 艹 芓 莎 莎 茨 茨 落 落						
	落	落	落				
朗 밝을 **랑**	` ゛ ゛ ゛ 良 良 良 郎 朗 朗 朗						
	朗	朗	朗				
冷 찰 **랭**	` 冫 冫 冫 冫 冷 冷						
	冷	冷	冷				
良 어질 **량**	` ゛ ゛ ゛ 良 良 良						
	良	良	良				

量 헤아릴 량		마을 리(里)부, 총 12획　5급 아침마다 마을 사람들이 식량을 헤아린다는 데서 '헤아리다'의 뜻을 나타냄. ▶ 力量(역량) : 일을 할 수 있는 힘의 정도. ▶ 數量(수량) : 수효와 분량.
旅 나그네 려		모 방(方)부, 총 10획　5급 군기 밑에 모여든 많은 사람들이 자주 이동 을 한다는 데서 '나그네'의 뜻을 나타냄. ▶ 旅路(여로) : 여행하는 길. ▶ 旅行(여행) : 자기 집을 떠나서 객지로 다니는 　일.
歷 지날 력		그칠 지(止)부, 총 16획　5급 오랜 세월에 걸친 발자취라는 데서 '지나다' 의 뜻을 나타냄. ▶ 歷代(역대) : 이어 내려온 여러 대. ▶ 歷任(역임) : 여러 직위를 두루 거쳐 지냄.
練 익힐 련		실 사(糸)부, 총 15획　5급 좋은 실을 분별하는 방법을 익혀 나간다는 데서 '익히다'의 뜻을 나타냄. ▶ 練習(연습) : 반복하여 익힘. ▶ 訓練(훈련) : 일정한 목표나 기준에 도달하기 　위하여 실천시키는 실제적 활동.
令 하여금 령		사람 인(人)부, 총 5획　5급 부하들을 모아 무릎을 꿇리고 명령한다는 뜻 임. ▶ 命令(명령) : 윗사람이 아랫사람에게 내리는 　분부. ▶ 號令(호령) : 큰 소리로 하는 명령.

한자의 뜻과 음을 생각하며, 순서에 따라 써 보세요.

量 헤아릴 **량**	﹅ 冂 曱 日 旦 昺 昺 昌 昌 量 量
	量 量 量
旅 나그네 **려**	﹅ ﹅ 亠 方 方 方 㫃 斿 旅 旅
	旅 旅 旅
歷 지날 **력**	一 厂 厂 厂 厈 厤 厤 厤 厤 厤 厤 厤 歷 歷 歷
	歷 歷 歷
練 익힐 **련**	﹅ ﹅ 幺 幺 糸 糸 紵 紵 紵 紵 紵 紵 練 練 練
	練 練 練
令 하여금 **령**	丿 人 스 今 令
	令 令 令

領 거느릴 **령**		머리 혈(頁)부, 총 14획　⑤급 우두머리가 명령을 내려 다스린다는 데서 '거느리다'의 뜻을 나타냄. ▶ 領土(영토) : 토지로 이루어지는 국가의 영역. ▶ 要領(요령) : 사물의 긴요하고 으뜸 되는 줄거리 또는 골자.

例 법식 **례**		사람 인(イ〈人〉)부, 총 8획　⑥급 사람들이 법식에 맞게 줄을 지어 있다는 데서 '법식'의 뜻을 나타냄. ▶ 例示(예시) : 예를 들어 보임. ▶ 例外(예외) : 일반적인 규정에서 벗어나는 일.

禮 예도 **례**		보일 시(示)부, 총 18획　⑥급 음식을 차려 놓고 신에게 제사를 지내는 절차에서 '예도'의 뜻을 나타냄. ▶ 禮式(예식) : 예법에 따라 치르는 의식. ▶ 答禮(답례) : 남에게서 받은 예를 도로 갚음.

路 길 **로**		발 족(足)부, 총 13획　⑥급 발로 밟으며 각각 다니는 길이라는 뜻임. ▶ 路面(노면) : 길바닥. ▶ 通路(통로) : 통행하는 길.

勞 일할 **로**		힘 력(力)부, 총 12획　⑤급 집에 불을 밝혀 놓고 밤늦게까지 일한다는 데서 '일하다'의 뜻을 나타냄. ▶ 勞苦(노고) : 힘들여 애쓰는 수고. ▶ 勞力(노력) : 힘을 써 수고함.

한자의 뜻과 음을 생각하며, 순서에 따라 써 보세요.

領 거느릴 령	ノ ト ト 今 令 令 卽 飰 飰 領 領 領 領 領 領 領						
例 법식 례	ノ イ イ 伊 伊 侈 例 例 例 例 例						
禮 예도 례	ー ニ チ 亍 禾 示 和 礽 神 神 禮 禮 禮 禮 禮 禮 禮 禮						
路 길 로	` ㅁ ㅁ ㅁ 무 무 무 무 跀 政 政 路 路 路 路 路						
勞 일할 로	` ` ` ` ` ` ` ` ` ` ` ` ` 勞 勞 勞 勞 勞						

綠 푸를 **록**		실 사(糸)부, 총 14획 **6급** 나무 껍질 속의 섬유질이 초록빛이라는 데서 '푸르다'의 뜻을 나타냄. ▶ 綠地(녹지) : 초목이 무성한 땅. ▶ 新綠(신록) : 늦봄이나 초여름에 돋은 새 잎의 푸른 빛.
料 헤아릴 **료**		말 두(斗)부, 총 10획 **5급** 쌀을 말로 된다는 데서 '헤아리다'의 뜻을 나타냄. ▶ 料理(요리) : 만든 음식. ▶ 原料(원료) : 어떤 물건을 만드는 데 들어가는 재료.
流 흐를 **류**		삼수변(氵〈水〉)부, 총 10획 **5급** 물이 쉬지 않고 흘러간다는 데서 '흐르다'의 뜻을 나타냄. ▶ 流水(유수) : 흐르는 물. ▶ 急流(급류) : 물이 빠른 속도로 흐름.
類 무 리 비슷할 **류**		머리 혈(頁)부, 총 19획 **5급** 쌀겨를 뒤집어쓴 개의 머리가 비슷하다는 데 서 '비슷하다'의 뜻을 나타냄. ▶ 部類(부류) : 종류에 따라 나눈 갈래. ▶ 類例(유례) : 같거나 비슷한 사례.
陸 뭍 **륙**		언덕 부(阝〈阜〉)부, 총 11획 **5급** 언덕과 흙덩이로 이루어져 있다는 데서 '뭍, 육지'의 뜻을 나타냄. ▶ 陸路(육로) : 육지의 길. ▶ 上陸(상륙) : 배에서 육지로 오름.

한자의 뜻과 음을 생각하며, 순서에 따라 써 보세요.

綠	ﾉ ﾑ ﾑ ﾑ ﾐ 糸 糸 糸 紵 紵 紵 綠 綠
푸를 **록**	綠 綠 綠

料	ﾉ ﾉ ﾉ ﾆ 半 半 米 米 米 料
헤아릴 **료**	料 料 料

流	ﾉ ﾉ ﾆ ﾆ 汸 浐 浐 浐 流 流
흐를 **류**	流 流 流

類	ﾉ ﾉ ﾆ 半 半 米 米 米 米 米 類 類 類 類 類 類 類 類
무리·비슷할 **류**	類 類 類

陸	ﾉ ﾋ ﾖ ﾖ ﾖ 陆 陆 陆 陸 陸 陸
뭍 **륙**	陸 陸 陸

理 다스릴 리

구슬 옥(玉)부, 총 11획　6급

구슬 같은 마을을 이치에 따라 다스린다는 데서 '다스리다'의 뜻을 나타냄.

▶ 道理(도리) : 사람이 마땅히 행하여야 할 바른 길.
▶ 理由(이유) : 까닭.

李 오얏·성 리

나무 목(木)부, 총 7획　6급

어린아이가 나무에서 오얏을 따는 모습을 나타냄.

▶ 李花(이화) : 자두나무의 꽃.
▶ 桃李(도리) : 복숭아와 자두. 또는 그 꽃이나 열매.

利 이로울 리

칼 도(刂〈刀〉)부, 총 7획　6급

농부가 낫으로 벼를 수확하니 이익이 된다는 데서 '이롭다'의 뜻을 나타냄.

▶ 利用(이용) : 이롭게 씀.
▶ 便利(편리) : 편하고 이로움.

馬 말 마

말 마(馬)부, 총 10획　5급

말의 모양을 본뜬 글자로, '말'의 뜻을 나타냄.

▶ 馬術(마술) : 말을 타고 부리는 재주.
▶ 落馬(낙마) : 말에서 떨어짐.

末 끝 말

나무 목(木)부, 총 5획　5급

나무의 끝에 한 획을 더 그어 나무의 '끝'을 나타냄.

▶ 末期(말기) : 기간이나 일의 끝무렵.
▶ 結末(결말) : 어떤 일이 마무리되는 끝.

한자의 뜻과 음을 생각하며, 순서에 따라 써 보세요.

| 理 | 一 二 于 于 玑 玑 玑 玑 理 理 | | | | | | |
| 다스릴 **리** | 理 理 理 | | | | | | |

| 李 | 一 十 才 木 本 李 李 | | | | | | |
| 오얏·성 **리** | 李 李 李 | | | | | | |

| 利 | 丿 二 千 千 禾 利 利 | | | | | | |
| 이로울 **리** | 利 利 利 | | | | | | |

| 馬 | 丨 厂 厂 馬 馬 馬 馬 馬 馬 | | | | | | |
| 말 **마** | 馬 馬 馬 | | | | | | |

| 末 | 一 二 于 才 末 | | | | | | |
| 끝 **말** | 末 末 末 | | | | | | |

亡 망할 **망**		돼지해머리(亠)부, 총 3획　　5급 사람이 숨어 보이지 않는다는 데서 '망하다'의 뜻을 나타냄. ▶ 亡身(망신) : 잘못을 저질러 체면을 망침. ▶ 敗亡(패망) : 싸움에 져 망함.
望 바랄 **망**		달 월(月)부, 총 11획　　5급 죽은 남편 생각에 달을 우두커니 서서 바라본다는 데서 '바라다'의 뜻을 나타냄. ▶ 望月(망월) : 보름달. ▶ 可望性(가망성) : 가능성이 있는 상태나 정도.
買 살 **매**		조개 패(貝)부, 총 12획　　5급 돈을 주고 산 물건을 광주리에 담는 데서 '사다'의 뜻을 나타냄. ▶ 賣買(매매) : 물건을 팔고 사는 일. ▶ 買入(매입) : 물건 등을 사들임.
賣 팔 **매**		조개 패(貝)부, 총 15획　　5급 선비에게 광주리의 물건을 돈을 받고 내어 준다는 데서 '팔다'의 뜻을 나타냄. ▶ 賣上(매상) : 상품을 팔아 매출을 올림. ▶ 發賣(발매) : 팔기 시작함.
明 밝을 **명**		날 일(日)부, 총 8획　　6급 하늘에서 가장 밝은 것은 해와 달이라는 데서 '밝다'의 뜻을 나타냄. ▶ 明日(명일) : 내일. ▶ 表明(표명) : 드러내 보여서 명백히 함.

한자의 뜻과 음을 생각하며, 순서에 따라 써 보세요.

亡 망할 **망**	`丶 丶 亡` 亡 亡 亡
望 바랄 **망**	`丶 亠 亡 刣 刣 朗 朗 望 望 望` 望 望 望
買 살 **매**	`丶 口 四 四 罒 罒 胃 胃 胃 買 買` 買 買 買
賣 팔 **매**	`一 十 士 吉 吉 吉 売 壱 壱 壱 賣 賣 賣` 賣 賣 賣
明 밝을 **명**	`丨 刀 月 日 明 明 明 明` 明 明 明

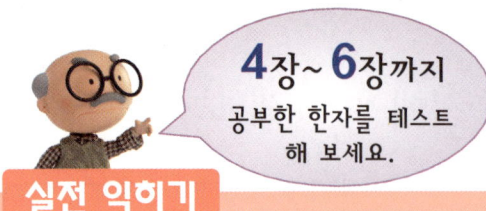

4장~6장까지
공부한 한자를 테스트
해 보세요.

1 다음 漢字語의 讀音을 例에서 찾아 그 번호를 쓰세요.

| 例 | ① 정상 ② 노고 ③ 동요 ④ 여행 ⑤ 매매 ⑥ 정당 ⑦ 동화 ⑧ 판매 ⑨ 급식 ⑩ 노약 |

(1) 給食 (   )   (2) 正當 (   )   (3) 童話 (   )

(4) 旅行 (   )   (5) 勞苦 (   )   (6) 賣買 (   )

2 다음 漢字의 訓과 音을 쓰세요.

(1) 期 (   )   (2) 談 (   )

(3) 德 (   )   (4) 等 (   )

(5) 練 (   )   (6) 綠 (   )

3 다음 밑줄 친 漢字語를 漢字로 쓰세요.

(1) 사람들이 장단에 맞춰 춤을 추었다. (   )

(2) 눈이 와서 노면이 미끄럽다. (   )

(3) 대통령의 광복절 기념사를 국무총리가 대독하였다.
(   )

4 다음 뜻을 가진 漢字語를 例에서 찾아 그 번호를 쓰세요.

> 例　① 敗亡　② 部類　③ 亡身　④ 類例

(1) 같거나 비슷한 사례. (　　　)

(2) 잘못을 저질러 체면을 망침. (　　　)

5 다음 訓과 音에 맞는 漢字를 쓰세요.

> 例　글자 자 ···▶ 字

(1) 밝을 명 ⇨ (　　　)　(2) 법식 례 ⇨ (　　　)

(3) 그림 도 ⇨ (　　　)　(4) 대할 대 ⇨ (　　　)

6 다음 漢字와 뜻이 같거나 비슷한 漢字를 例에서 찾아 그 번호를 쓰세요.

> 例　① 思　② 車　③ 家　④ 設
> 　　⑤ 理　⑥ 話　⑦ 當　⑧ 道

(1) 談 (　　　)　　(2) 堂 (　　　)

(3) 路 (　　　)　　(4) 念 (　　　)

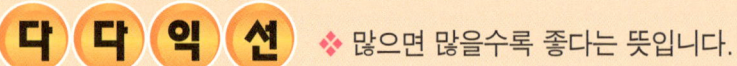

다 다 익 선 ❖ 많으면 많을수록 좋다는 뜻입니다.

多 多 益 善

많을 **다**　　　많을 **다**　　　더할 **익**　　　착할, 좋을 **선**

또 땄다.
오늘 되는
날이네.

와! 마지막
남은 거였는데.

신난다. 이제 없어?
그럼 그만 하자.

어머!
맹구야.

오 서방 걸 다 따고
그냥 가면 어떻게 해?
개평 좀 줘라.

개평?

관둬!
그런다고 맹구가
줄 것 같애?

다다익선 (多多益善)

'다다익선'이란 중국의 《사기(史記)》에 실린 이야기로 중국을 통일한 한나라 고조와 초나라의 왕 한신과의 대화 중에 나오는 말입니다.

한의 고조는 한신에게 '회음후'라는 벼슬을 내린 후 모든 일을 의논하였습니다. 어느 날 고조는 한신과 여러 장수들의 능력에 대해 이야기를 하던 중에 자신들의 능력을 평가하게 되었습니다.

"그대가 보기에 나는 얼마만큼의 군사를 거느릴 수 있겠는가?"

그러자 한신이 고개를 갸웃하며 대답했습니다.

"글쎄요, 한 십만 정도면 적당할 것 같습니다."

"그래? 그렇다면 그대는 어떤가?"

"저는 많으면 많을수록 좋습니다."

한신의 대답에 고조는 어이가 없다는 듯 물었습니다.

"그렇다면 그대가 나보다 낫다는 말인가?"

"군사를 거느리는 것은 그렇습니다만, 장수를 거느리는 데는 저보다 뛰어나십니다. 그러니 제가 붙잡혀 온 것이 아니겠습니까?"

한신은 고개를 숙이며 공손하게 대답했습니다.

이 때부터 많으면 많을수록 좋다는 뜻의 다다익선이라는 말이 쓰이게 되었습니다.

目

눈 **목**

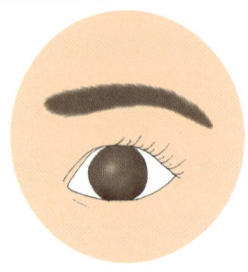

눈 목(目)부, 총 5획   6급

사람의 눈을 본떠서 '눈'을 나타냄.

▶ 目的(목적) : 하고자 하거나 도달하려는 목표.
▶ 目前(목전) : 눈 앞.

無

없을 **무**

연화발(灬〈火〉)부, 총 12획   5급

무성한 숲에 불이 나면 타 없어진다는 데서 '없다'의 뜻을 나타냄.

▶ 無能(무능) : 재능이 없음.
▶ 無關心(무관심) : 관심이 없음.

聞

들을 **문**

귀 이(耳)부, 총 14획   6급

문에 귀를 대고 듣는다는 데서 '듣다'의 뜻을 나타냄.

▶ 風聞(풍문) : 떠도는 말.
▶ 後聞(후문) : 뒷소문.

米

쌀 **미**

쌀 미(米)부, 총 6획   6급

흩어져 있는 쌀의 모습을 본떠서 '쌀'을 나타냄.

▶ 米作(미작) : 벼농사.
▶ 白米(백미) : 흰쌀.

美

아름다울 **미**

양 양(羊)부, 총 9획   6급

양이 크면 살이 많아 보기 좋다는 데서 '아름답다'의 뜻을 나타냄.

▶ 美德(미덕) : 아름다운 덕행.
▶ 美少年(미소년) : 용모가 아름다운 소년.

한자의 뜻과 음을 생각하며, 순서에 따라 써 보세요.

目	ㅣ ㄇ ㄇ 目 目
눈 **목**	目 目 目

無	ノ ヒ ニ ヒ ⺗ 無 無 無 無 無 無
없을 **무**	無 無 無

聞	ㅣ ㄇ ㄇ ㄇ ㄇ ㄇ 門 門 門 門 門 聞 聞 聞
들을 **문**	聞 聞 聞

米	` ` ` ⺊ 半 米 米
쌀 **미**	米 米 米

美	` ` ` ⺊ ⺋ ⺌ 羊 羊 美 美
아름다울 **미**	美 美 美

朴

성 박

나무 목(木)부, 총 6획　⑥급

나무 목과 점 복이 합쳐진 글자로, 자연의 순박함을 나타냄.

▶ 質朴(질박) : 꾸민 데가 없이 수수함.
▶ 淳朴(순박) : 순하고 꾸밈이 없음.

班

나눌 반

구슬 옥(玉)부, 총 10획　⑥급

구슬을 반으로 나누는 모습을 나타낸 글자로, '나누다' 의 뜻을 나타냄.

▶ 班長(반장) : 반의 통솔자.
▶ 班名(반명) : 반의 이름.

反

돌이킬 반

또 우(又)부, 총 4획　⑥급

바위를 잡고 집게로 반대로 뒤집는다는 데서 '반대' 의 뜻을 나타냄.

▶ 反對(반대) : 두 사물 또는 어떤 견해가 서로 맞서는 것.
▶ 反則(반칙) : 법칙이나 규정을 어김.

半

반 반

열 십(十)부, 총 5획　⑥급

갈라선 부부가 집을 절반으로 나눈 모양으로, '반' 의 뜻을 나타냄.

▶ 半年(반년) : 6개월.
▶ 過半(과반) : 절반이 넘음.

發

쏠·필 발

필발머리(癶)부, 총 12획　⑥급

난간에서 도망가는 표적을 활로 쏜다는 뜻임.

▶ 發見(발견) : 남이 미처 보지 못한 사물을 먼저 찾아냄.
▶ 發動(발동) : 움직이기 시작함.

한자의 뜻과 음을 생각하며, 순서에 따라 써 보세요.

朴 성 **박**	一 十 才 木 朴 朴
	朴 朴 朴
班 나눌 **반**	一 二 干 王 玉 玏 玗 班 班 班
	班 班 班
反 돌이킬 **반**	一 厂 反 反
	反 反 反
半 반 **반**	丶 丷 半 半 半
	半 半 半
發 쏠·필 **발**	丿 ㄱ ㄫ ㄫ ㄫ ㄫ ㄫ 發 發 發 發 發
	發 發 發

放 놓을 방

등글월 문(攵〈攴〉)부, 총 8획 [6급]

쟁기를 두들겨 고치도록 놓아 둔다는 데서 '놓아 두다'의 뜻을 나타냄.

▶ 放心(방심) : 마음을 다잡지 않고 풀어 버림.
▶ 放學(방학) : 학교에서 일정 기간 동안 수업을 쉬는 일.

倍 곱 배

사람 인(亻〈人〉)부, 총 10획 [5급]

사람이 물건을 세워서 계속 쌓으니 그 갯수가 몇 갑절이나 많아진다는 데서 '곱'의 뜻을 나타냄.

▶ 倍加(배가) : 갑절로 늘림.
▶ 數倍(수배) : 여러 곱절.

番 차례 번

밭 전(田)부, 총 12획 [6급]

티끌과 쌀알을 분별해서 밭에서 차례로 줍는다는 데서 '차례'의 뜻을 나타냄.

▶ 番地(번지) : 지적도에서 토지를 여럿으로 나누어 붙여 놓은 번호.
▶ 番號(번호) : 차례를 표시하는 숫자.

法 법 법

삼수변(氵〈水〉)부, 총 8획 [5급]

물이 흘러가듯이 평평(평등)한 것이 '법'이라는 뜻임.

▶ 法度(법도) : 본보기가 될 만한 제도.
▶ 方法(방법) : 어떤 일을 해내기 위한 수단이나 방식.

變 변할 변

말씀 언(言)부, 총 23획 [5급]

말로 타이르고 매를 들어 가르치면 나쁜 버릇도 고쳐진다는 데서 '변하다'의 뜻을 나타냄.

▶ 變心(변심) : 마음이 변함.
▶ 變德(변덕) : 이랬다저랬다 잘 변하는 성질.

한자의 뜻과 음을 생각하며, 순서에 따라 써 보세요.

放 놓을 **방**	` ⼀ ⽅ ⽅ ⽅ ⽅ 放 放 放
	放 放 放
倍 곱 **배**	⼃ ⼈ ⼈⼂ ⼈⼂ ⼈⼶ ⼈⼶ 位 位 倍 倍
	倍 倍 倍
番 차례 **번**	⼀ ⼂ ⼆ ⼆ 平 采 采 采 番 番 番 番
	番 番 番
法 법 **법**	` ⼂ ⺡ ⺡ 汁 汁 法 法
	法 法 法
變 변할 **변**	` ⼂ ⼆ ⾔ ⾔ ⾔ ⾔ 絲 絲 絲 絲 絲 絲 絲 絲 絲 絲 絲 變 變 變
	變 變 變

別 다를·나눌 **별**		칼 도(刂〈刀〉)부, 총 7획　　6급 칼로 살과 뼈를 분리시킨다는 데서 '나누다, 다르다'의 뜻을 나타냄. ▶ 告別(고별) : 헤어지면서 작별을 알림. ▶ 區別(구별) : 성질에 따라 나타나는 차이.
病 병 **병**		병질안(疒)부, 총 10획　　6급 병든 사람이 남쪽의 열로 더욱 병들었다는 데서 '병들다'의 뜻을 나타냄. ▶ 問病(문병) : 앓는 사람을 찾아가 위로함. ▶ 重病(중병) : 몹시 앓는 병.
兵 군사 **병**		여덟 팔(八)부, 총 7획　　5급 도끼를 들고 있는 사람이라는 데서 '군사'의 뜻을 나타냄. ▶ 兵力(병력) : 군대의 세력. 군대의 수효. ▶ 新兵(신병) : 새로 입영한 병사.
服 옷 **복**		달 월(月)부, 총 8획　　6급 달빛이 세상을 감싸듯 사람을 감싸는 '옷'이라는 뜻임. ▶ 衣服(의복) : 옷. ▶ 禮服(예복) : 의식을 치르거나 특별히 예절을 차릴 때에 입는 옷.
福 복 **복**		보일 시(示)부, 총 14획　　5급 술과 제물을 신 앞에 차려 놓고 빌면 '복'을 받게 된다는 뜻임. ▶ 福利(복리) : 행복과 이익. ▶ 祝福(축복) : 복을 빔.

한자의 뜻과 음을 생각하며, 순서에 따라 써 보세요.

別 다를·나눌 **별**	` ⼝ ⼝ 몽 뭉 別 別 別 別 別
病 병 **병**	` ⼀ ⼴ ⼴ ⼴ ⼴ 疒 病 病 病 病 病 病
兵 군사 **병**	` ⼚ ⼚ 斤 丘 丘 兵 兵 兵 兵 兵
服 옷 **복**	⼃ ⼌ ⼌ 月 肝 胛 服 服 服 服 服
福 복 **복**	` ⼀ 千 千 禾 禾 禾 禾 禾 禰 禰 福 福 福 福 福

本
근본 **본**

나무 목(木)부, 총 5획　6급

나무는 뿌리가 근본이라는 데서 '근본' 의 뜻을 나타냄.

▶ 根本(근본) : 사물의 본질이나 본바탕.
▶ 基本(기본) : 사물의 기초와 근본.

奉
받들 **봉**

큰 대(大)부, 총 8획　5급

하늘과 땅 같은 위대한 이를 손으로 받들어 봉양한다는 데서 '받들다' 의 뜻을 나타냄.

▶ 奉養(봉양) : 집안의 어른을 받들어 모심.
▶ 奉祝(봉축) : 공경하는 마음으로 축하함.

部
나눌·떼 **부**

우부방(阝〈邑〉)부, 총 11획　6급

행정 구역을 갈라서 여러 고을로 나눈다는 데서 '나누다' 의 뜻을 나타냄.

▶ 部門(부문) : 갈라놓은 부류.
▶ 部落(부락) : 도시 이외에 여러 민가들이 모여 이룬 집단.

分
나눌 **분**

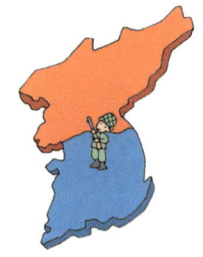

칼 도(刀)부, 총 4획　6급

칼로 쪼개어 여덟 토막으로 나눈다는 뜻으로, '나누다' 의 뜻을 나타냄.

▶ 部分(부분) : 전체를 이루는 작은 것.
▶ 分數(분수) : 신분에 맞는 한도.

比
견줄 **비**

견줄 비(比)부, 총 4획　5급

두 사람이 나란히 서 있는 모양을 본뜬 글자로, 키를 '견준다' 는 뜻을 나타냄.

▶ 比等(비등) : 서로 엇비슷함.
▶ 對比(대비) : 서로 맞대어 비교함.

한자의 뜻과 음을 생각하며, 순서에 따라 써 보세요.

本 근본 **본**	一 十 才 木 本 本 本 本
奉 받들 **봉**	一 二 三 三 夫 夫 表 奉 奉 奉 奉
部 나눌·떼 **부**	` ` ﹢ ﹢ 立 产 咅 咅 咅 咅 部 部 部 部 部
分 나눌 **분**	﹨ 八 今 分 分 分 分
比 견줄 **비**	一 ヒ 比 比 比 比 比

費 쓸 비		조개 패(貝)부, 총 12획　⑤급 돈을 낭비하여 써 버린다는 데서 '쓰다'의 뜻을 나타냄. ▶ 費用(비용) : 물건을 사거나 일을 하는 데 드 　는 돈. ▶ 學費(학비) : 학업에 드는 비용.
鼻 코 비	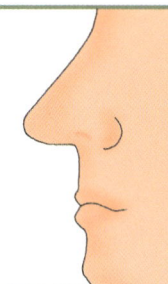	코 비(鼻)부, 총 14획　⑤급 사람의 코를 본뜬 글자로, '코'의 뜻을 나타 냄. ▶ 鼻音(비음) : 코에서 나오는 소리. ▶ 耳鼻(이비) : 귀와 코.
氷 얼음 빙		물 수(水)부, 총 5획　⑤급 물이 얼어서 굳어진 것이 얼음이라는 데서 '얼음'의 뜻을 나타냄. ▶ 氷山(빙산) : 빙하의 얼음이 바다에 산처럼 떠 　있는 얼음덩어리. ▶ 氷水(빙수) : 얼음물.
社 모일 사		보일 시(示)부, 총 8획　⑥급 보일 시(示)와 흙 토(土)가 합쳐져 된 글자 로, '보이다'의 뜻을 나타냄. ▶ 社會(사회) : 무리가 모여 이루는 집단. ▶ 社交性(사교성) : 남과 잘 사귀는 성질.
死 죽을 사		죽을 사(歹)부, 총 6획　⑥급 목숨이 다하여 살이 빠지고 앙상한 뼈로 변 한다는 데서 '죽다'의 뜻을 나타냄. ▶ 死亡(사망) : 죽음. ▶ 死別(사별) : 여의어 이별함.

한자의 뜻과 음을 생각하며, 순서에 따라 써 보세요.

費	ˋ ˊ ˊ ˊ 弗 弗 弗 带 带 费 费 费
쓸 **비**	費 費 費

鼻	´ ̀ ˊ 白 白 白 自 自 鼻 鼻 畠 畠 鼻 鼻
코 **비**	鼻 鼻 鼻

氷	ˊ ˊ ˊ 水 氷
얼음 **빙**	氷 氷 氷

社	ˊ ˊ ˊ 示 示 示 社 社
모일 **사**	社 社 社

死	ˊ ˊ ˊ 歹 歹 死
죽을 **사**	死 死 死

使 하여금 부 릴 **사**		사람 인(亻〈人〉)부, 총 8획　**6급** 윗사람이 관리로 하여금 어떤 임무를 시킨다는 데서 '하여금, 부리다'의 뜻을 나타냄. ▶ 使命(사명) : 남에게서 받은 직무. ▶ 特使(특사) : 특별한 임무를 띠고 파견하는 사절.
仕 섬길 **사**		사람 인(亻〈人〉)부, 총 5획　**5급** 사람이 선비가 되어야 벼슬을 하고 임금을 섬긴다는 데서 '섬기다'의 뜻을 나타냄. ▶ 奉仕(봉사) : 다른 사람을 위해 힘을 바쳐 애씀. ▶ 給仕(급사) : 잔심부름을 시키기 위해 고용한 사람.
史 역사 **사**		입 구(口)부, 총 5획　**5급** 손에 붓을 들어 사실을 바르게 기록한다는 데서 '역사'의 뜻을 나타냄. ▶ 史料(사료) : 역사 연구나 편찬에 필요한 자료. ▶ 史學(사학) : 역사를 연구하는 학문.
士 선비 **사**		선비 사(士)부, 총 3획　**5급** 하나를 들으면 열을 깨우치는 사람이라는 데서 '선비'의 뜻을 나타냄. ▶ 士氣(사기) : 자신 있고 굴하지 않는 씩씩한 기세. ▶ 士兵(사병) : 장교의 지휘를 받는 군인.
寫 베낄 **사**		갓머리(宀)부, 총 15획　**5급** 까치가 둥지 주위를 옮겨 앉듯이 글이나 그림을 베껴서 옮긴다는 뜻임. ▶ 寫本(사본) : 옮기어 베낌. ▶ 寫生(사생) : 실물을 보고 그대로 그림.

한자의 뜻과 음을 생각하며, 순서에 따라 써 보세요.

使	ノ イ 亻 亻 仨 伫 使 使
하여금·부릴 **사**	使 使 使
仕	ノ イ 亻 什 仕
섬길 **사**	仕 仕 仕
史	丶 口 口 史 史
역사 **사**	史 史 史
士	一 十 士
선비 **사**	士 士 士
寫	丶 宀 宀 宀 宀 宀 宁 宁 宁 宫 寫 寫 寫 寫 寫
베낄 **사**	寫 寫 寫

思 생각할 **사**		마음 심(心)부, 총 9획　**5급** 밭에 일을 나간 임을 마음으로 생각한다는 데서 '생각하다'의 뜻을 나타냄. ▶ 思考(사고) : 생각하고 궁리함. ▶ 思春期(사춘기) : 이성에 관심을 갖게 되는 나이.
査 조사할 **사**		나무 목(木)부, 총 9획　**5급** 나무의 나이테를 세어 몇 년 자랐는지를 확인한다는 데서 '조사하다'의 뜻을 나타냄. ▶ 内査(내사) : 겉으로 드러나지 않게 몰래 조사함. ▶ 査定(사정) : 조사하여 결정함.
産 낳을 **산**		날 생(生)부, 총 11획　**5급** 장차 큰 인물이 될 아이를 낳는다는 데서 '낳다'의 뜻을 나타냄. ▶ 産業(산업) : 생산을 하는 사업. ▶ 産油國(산유국) : 원유를 생산하는 나라.
商 장사 **상**		입 구(口)부, 총 11획　**5급** 큰 이익을 붙여 파는 것이 '장사'라는 뜻임. ▶ 商人(상인) : 장사하는 사람. ▶ 商品(상품) : 팔고 사는 물건.
相 서로 **상**		눈 목(目)부, 총 9획　**5급** 나무처럼 마주 서서 서로 상대방을 바라본다는 데서 '서로'의 뜻을 나타냄. ▶ 相當(상당) : 대단한 정도에 가까움. ▶ 相對(상대) : 서로 대면함.

한자의 뜻과 음을 생각하며, 순서에 따라 써 보세요.

思 생각할 **사**	ㅣ ㄇ ㅁ 冊 田 甼 思 思 思
	思 思 思

査 조사할 **사**	一 十 才 木 朩 杏 杏 査 査
	査 査 査

産 낳을 **산**	丶 亠 亠 亢 立 产 产 产 庐 産 産
	産 産 産

商 장사 **상**	丶 亠 亠 亢 产 产 产 产 商 商 商
	商 商 商

| 相 서로 **상** | 一 十 才 木 木 相 相 相 相 |
| | 相 相 相 |

漢字

賞
상줄 **상**

조개 패(貝)부, 총 15획 5급

공로가 있는 사람에게 칭찬하여 돈으로 상을 준다는 데서 '상주다'의 뜻을 나타냄.

▶ 賞金(상금) : 상으로 주는 돈.
▶ 入賞(입상) : 상을 타게 됨.

書
글 **서**

가로 왈(曰)부, 총 10획 6급

말한 것을 붓으로 옮겨 쓴 것이 '글'이라는 뜻임.

▶ 書面(서면) : 글씨를 쓴 지면.
▶ 書體(서체) : 글씨의 모양. 글씨의 체재.

序
차례 **서**

엄호(广)부, 총 7획 5급

집이나 관청에서 하는 사업을 미리 정해 놓은 차례라는 뜻임.

▶ 序頭(서두) : 어떤 차례의 첫머리.
▶ 順序(순서) : 정해진 차례.

石
돌 **석**

돌 석(石)부, 총 5획 6급

낭떠러지 아래에 있는 돌의 모양을 본뜬 글자로, '돌'의 뜻을 나타냄.

▶ 石工(석공) : 돌을 다루어 물건을 만드는 사람.
▶ 石材(석재) : 토목, 건축 등의 석기 제작의 재료로 쓰이는 돌.

席
자리 **석**

수건 건(巾)부, 총 10획 6급

무리를 지어 수건이나 자리를 깔고 앉는다는 데서 '자리'의 뜻을 나타냄.

▶ 方席(방석) : 앉을 때 까는 작은 깔개.
▶ 出席(출석) : 어떤 자리에 참석함.

한자의 뜻과 음을 생각하며, 순서에 따라 써 보세요.

賞	⌐ ⌐ ⌐ ⌐ ⌐ ⌐ ⌐ 賞 賞 賞 賞 賞 賞 賞						
상줄 **상**	賞	賞	賞				

書	⌐ ⌐ ⌐ ⌐ 書 書 書 書 書 書						
글 **서**	書	書	書				

序	` ⌐ 广 庐 序 序 序						
차례 **서**	序	序	序				

石	⌐ ⌐ 厂 石 石						
돌 **석**	石	石	石				

席	` ⌐ 广 庐 庐 庐 席 席 席 席						
자리 **석**	席	席	席				

線 줄 선		실 사(糸)부, 총 15획 　6급 샘물이 실처럼 가늘게 흐른다는 데서 '줄'의 뜻을 나타냄. ▶ 曲線(곡선) : 부드럽게 구부러진 선. ▶ 線路(선로) : 열차나 전차가 다니는 제일의 길.
仙 신선 선		사람 인(亻〈人〉)부, 총 5획 　5급 사람이 산에서 도를 터득했다는 데서 '신선'의 뜻을 나타냄. ▶ 仙道(선도) : 신선의 도. ▶ 仙界(선계) : 신선이 사는 세계.
善 착할 선		입 구(口)부, 총 12획 　5급 양처럼 온순한 사람은 말할 필요도 없이 '착하다'는 뜻임. ▶ 善良(선량) : 행실이나 성질이 착함. ▶ 改善(개선) : 잘못된 것을 고쳐 좋게 함.
船 배 선		배 주(舟)부, 총 11획 　5급 배 여덟 척으로 식구가 살아가는 그 '배'라는 뜻임. ▶ 船主(선주) : 배의 주인. ▶ 船室(선실) : 배 안의 방.
選 가릴·뽑을 선		책받침(辶〈辵〉)부, 총 16획 　5급 제사 지내러 갈 사람을 골라 뽑는다는 데서 '가리다'의 뜻을 나타냄. ▶ 選擧(선거) : 여러 사람 가운데서 뽑아 추천함. ▶ 選別(선별) : 가려서 따로 나눔.

한자의 뜻과 음을 생각하며, 순서에 따라 써 보세요.

線	⺍ ⺯ ⺯ ⺰ ⺱ 糸 糸′ 糸′ 糸′ 糸′ 糸′ 線 線 線
줄 선	線 線 線

仙	ノ イ 仆 仙 仙
신선 선	仙 仙 仙

善	⺀ ⺀ ⺀ ⺍ ⺍ ⺎ 羊 羊 羔 羔 盖 善 善 善
착할 선	善 善 善

船	⺁ ⺆ 几 几 舟 舟 舟 船′ 船′ 船 船
비 선	船 船 船

選	⺀ ⺀ ⺆ ⺆ ⺆ ⺆ 㠯 㠯 㠯 巽 巽 巽 `巽 選 選 選
가릴·뽑을 선	選 選 選

鮮 고울 **선**		고기 어(魚)부, 총 17획　⑤급 물고기와 양고기는 깨끗하고 싱싱한 것이 맛있다는 뜻임. ▶ 鮮明(선명) : 산뜻하고 분명함. ▶ 鮮魚(선어) : 싱싱한 생선.
雪 눈 **설**		비 우(雨)부, 총 11획　⑥급 비가 싸리처럼 뭉쳐 내린다는 데서 '눈'의 뜻을 나타냄. ▶ 大雪(대설) : 많은 눈. ▶ 雪景(설경) : 눈 내리는 경치.
說 말씀 **설** 달랠 **세**		말씀 언(言)부, 총 14획　⑤급 말로 내용을 밝혀서 기뻐하도록 한다는 뜻임. ▶ 說明(설명) : 풀이하여 밝힘. ▶ 說法(설법) : 불교의 이치를 풀어 밝힘.
省 살필 **성**		눈 목(目)부, 총 9획　⑥급 아주 적은 것까지도 눈으로 살핀다는 데서 '살피다'의 뜻을 나타냄. ▶ 反省(반성) : 자기가 한 일이나 행동에 대해 잘못이 없었는지 돌이켜 생각함. ▶ 人事不省(인사불성) : 정신을 잃고 의식을 모름.
成 이룰 **성**		창 과(戈)부, 총 7획　⑥급 좋은 자리를 창으로 차지하여 뜻을 이룬다는 데서 '이루다'의 뜻을 나타냄. ▶ 成功(성공) : 목적을 이룸. ▶ 成敗(성패) : 일의 성공과 실패.

한자의 뜻과 음을 생각하며, 순서에 따라 써 보세요.

鮮	´ ⅔ ⅔ ⅔ 勺 角 角 魚 魚 魚 魚 魚 魚 鮮 鮮 鮮 鮮 鮮
고울 **선**	鮮 鮮 鮮

雪	⁻ ⁻ ⁻ ⁻ ⁻ ⁻ ⁻ ⁻ ⁻ ⁻ ⁻ ⁻ ⁻ 雪 雪 雪
눈 **설**	雪 雪 雪

說	` ´ ⁼ ⁼ ⁼ ⁼ ⁼ ⁼ ⁼ ⁼ ⁼ ⁼ ⁼ 說
말씀 **설**, 달랠 **세**	說 說 說

省	¹ ¹ ¹ 小 少 少 省 省 省 省
살필 **성**	省 省 省

成	¹ ⁻ ⁻ 万 成 成 成
이룰 **성**	成 成 成

性
성품 **성**

마음 심(忄〈心〉)부, 총 8획 5급

사람이 타고날 때부터 가지고 있는 마음이라는 데서 '성품'의 뜻을 나타냄.

▶ **性格**(성격) : 사람이 타고난 고유의 성질.
▶ **性能**(성능) : 기계의 성질과 능력.

洗
씻을 **세**

삼수변(氵〈水〉)부, 총 9획 5급

물로 먼저 몸을 씻는다는 데서 '씻다'의 뜻을 나타냄.

▶ **洗面**(세면) : 얼굴을 씻음.
▶ **洗車**(세차) : 차에 묻은 먼지나 흙을 씻어 내는 일.

歲
해 **세**

그칠 지(止)부, 총 13획 5급

머물러 있는 개가 작아 한 해를 더 기다린다는 뜻임.

▶ **萬歲**(만세) : 영원한 삶.
▶ **歲月**(세월) : 흐르는 시간.

消
사라질 **소**

삼수변(氵〈水〉)부, 총 10획 6급

물이 끓으면서 작은 수증기가 되어 사라진다는 뜻임.

▶ **消火**(소화) : 불을 끔.
▶ **消費**(소비) : 필요한 것을 써서 없앰.

束
묶을 **속**

나무 목(木)부, 총 7획 5급

나무를 묶어 놓은 모양으로, '묶다'의 뜻을 나타냄.

▶ **結束**(결속) : 덩이가 되게 묶음.
▶ **約束**(약속) : 상대방과 서로 언약하여 미리 정함.

한자의 뜻과 음을 생각하며, 순서에 따라 써 보세요.

性	丶 丷 忄 忄 忄 忙 性 性				
성품 **성**	性 性 性				
洗	丶 丶 氵 氵 汀 泙 泙 洗 洗				
씻을 **세**	洗 洗 洗				
歲	丨 丄 屮 屮 产 声 声 岸 岸 岸 歲 歲 歲				
해 **세**	歲 歲 歲				
消	丶 丶 氵 氵 氵 沙 沖 消 消 消				
사라질 **소**	消 消 消				
束	一 ㄱ ㅜ 曰 車 束 束				
묶을 **속**	束 束 束				

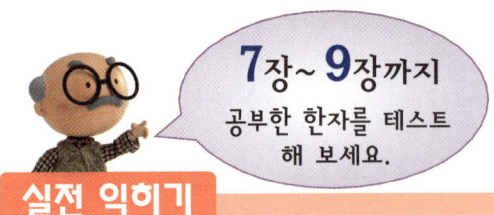

1 다음 漢字語의 讀音을 例에서 찾아 그 번호를 쓰세요.

| 例 | ① 미소 ② 출석 ③ 만수 ④ 무능 ⑤ 예절 ⑥ 사명 ⑦ 예복 ⑧ 무궁 ⑨ 미덕 ⑩ 만세 |

(1) 無能 (   ) 　(2) 美德 (   ) 　(3) 禮服 (   )

(4) 使命 (   ) 　(5) 出席 (   ) 　(6) 萬歲 (   )

2 다음 漢字의 訓과 音을 쓰세요.

(1) 聞 (   ) 　(2) 病 (   )

(3) 社 (   ) 　(4) 商 (   )

(5) 線 (   ) 　(6) 束 (   )

3 다음 밑줄 친 漢字語를 漢字로 쓰세요.

(1) 호기심이 발동을 하다. (   )

(2) 그는 근본이 확실한 사람이다. (   )

(3) 나는 의자 위에 방석을 깔고 앉았다. (   )

4 다음 뜻을 가진 漢字語를 例에서 찾아 그 번호를 쓰세요.

例   ① 改善   ② 部分   ③ 善良   ④ 部門

(1) 행실이나 성질이 착함.   (   )

(2) 전체를 이루는 작은 것.   (   )

5 다음 訓과 音에 맞는 漢字를 쓰세요.

例   글자 자 ┅▶ 字

(1) 돌이킬 반 ⇨ (   )   (2) 차례 번 ⇨ (   )

(3) 글 서 ⇨ (   )   (4) 살필 성 ⇨ (   )

6 다음 漢字와 음은 같은데 뜻이 다른 漢字를 例에서 찾아 그 번호를 쓰세요.

例   ① 件   ② 寫   ③ 仙   ④ 比
     ⑤ 理   ⑥ 鳥   ⑦ 班   ⑧ 省

(1) 半 (   )   (2) 鼻 (   )

(3) 仕 (   )   (4) 選 (   )

온 고 지 신 ❖ 지나간 옛 것을 익힘으로써 새 것을 알 수 있게 된다는 말입니다.

溫 故 知 新
따뜻할 **온**   예 **고**   알 **지**   새 **신**

반만 년의 역사를 이어 온 우리 나라는 고조선을 거쳐

드르릉 쿨~ 드르릉 쿨~

자냐? 얘들아, 자냐?

아이, 스승님. 왜 자꾸 시끄럽게 그러시는 거예요.

스승님은 잠도 없으신가 보죠.

그래, 맹구 너 말 잘 한다.

이것들이 정말 보자 보자하니까.

끼야~ 모두 기상

맹구야,
네가 지금 몇 살인데
역사를 들먹거리니?

스승님,
절 그렇게
무시하지
마시어요.

맹구의
역사!

온고짚신이라구,
저도 고집만
있었다면
짚신 하나쯤은
만들 수
있었을 거라구요.

음, 그거 좋은
말이로구나.
온고짚신.

스승님,
온고짚신.
뭔가 이상한 것
같은데요.

언년아,
그래도 네가
그 중 낫구나.

뭘요, 맹구가 한 말
이니까 당연히 틀릴
거라고 생각했죠.

아무튼 간에
온고짚신이 아니고
온고지신이란다.

우리가 역사를 배우는 것도 바로
온고지신의 실천이지. 옛 것을
알아야만 더 새로운 것을 만들 수
있으니까.

난
짚신이나 만들러
가야겠다.

고사성어 유래

온고지신 (溫故知新)

'온고지신'이란 《논어(論語)》의 〈위정편(爲政編)〉에 나오는 고사성어입니다.

이는 옛 것을 익혀 그것으로 미루어 새 것을 알면 남의 스승이 될 수 있다는 뜻입니다. 곧 옛 것에 대한 올바르고 정확한 지식이 있으면 능히 현재뿐만 아니라 미래에 대한 일까지도 현명하게 대처할 수 있다는 말입니다.

현재의 모든 것은 옛 것을 토대로 생겨난 것이지, 어느 날 갑자기 현재와 같은 생활이 생겨난 것은 아니라는 말입니다.

또한 이 말은 현재에 대한 올바른 견해를 가져야 한다는 말과도 통합니다. 그것은 지금 이 순간도 곧 과거가 되기 때문입니다.

速
빠를 **속**

책받침(辶〈辵〉)부, 총 11획　　6급

신발끈을 단단히 묶고 뛰어간다는 데서 '빠르다'의 뜻을 나타냄.

▶ 速決(속결) : 빨리 끝을 맺음.
▶ 速度(속도) : 빠른 정도.

孫
손자 **손**

아들 자(子)부, 총 10획　　6급

아들을 계승한 자식이라는 데서 '손자'의 뜻을 나타냄.

▶ 孫子(손자) : 자녀의 아들.
▶ 子孫(자손) : 자식과 손자를 아울러 일컫는 말.

樹
나무 **수**

나무 목(木)부, 총 16획　　6급

한 손으로 묘목을 심는 모습을 나타낸 글자에서 '나무'의 뜻을 나타냄.

▶ 樹立(수립) : 계획 등을 이루어 세움.
▶ 樹種(수종) : 나무의 종류.

首
머리 **수**

머리 수(首)부, 총 9획　　5급

털이 난 머리 모양을 본뜬 글자로, '머리'의 뜻을 나타냄.

▶ 首都(수도) : 한 나라의 중앙 정부가 있는 도시.
▶ 首席(수석) : 맨 윗자리.

宿
잘 **숙**

갓머리(宀)부, 총 11획　　5급

집에서 많은 사람들이 머무른다는 데서 '자다'의 뜻을 나타냄.

▶ 宿命(숙명) : 날 때부터 타고난 운명.
▶ 宿題(숙제) : 해결해야 할 문제.

한자의 뜻과 음을 생각하며, 순서에 따라 써 보세요.

速	一 ㄏ ㅁ 申 ㅌ ㅌ ㅊ ㅊ 谏 速
빠를 **속**	速 速 速

孫	ㄱ 了 孑 孑 孕 孕 孫 孫 孫 孫
손자 **손**	孫 孫 孫

樹	一 十 オ 术 术 杧 枋 柿 柿 桔 樹 樹 樹 樹 樹
나무 **수**	樹 樹 樹

首	` ` ` 一 ` ㅛ ㅛ ㅛ 首 首 首
머리 **수**	首 首 首

宿	` ` ㅛ 宀 宀 宀 宀 宿 宿 宿 宿
잘 **숙**	宿 宿 宿

順 순할 **순**		머리 혈(頁)부, 총 12획　　5급 냇물이 흘러가듯 우두머리의 명령을 순하게 따른다는 데서 '순하다'의 뜻을 나타냄. ▶ 順理(순리) : 바른 도리. ▶ 順序(순서) : 정해 놓은 차례.
術 재주 **술**		갈 행(行)부, 총 11획　　6급 나무 한 그루도 잘 자라게 하는 것도 재주라는 데서 '재주'의 뜻을 나타냄. ▶ 技術(기술) : 공예의 재주. ▶ 術數(술수) : 계책을 교묘하게 꾸미는 방법.
習 익힐 **습**		깃 우(羽)부, 총 11획　　6급 새끼새가 날개를 움직여 스스로 자꾸 나는 연습을 하여 '익힌다'는 뜻임. ▶ 見習(견습) : 남의 하는 일을 보고 익힘. ▶ 習性(습성) : 버릇으로 된 성질.
勝 이길 **승**		힘 력(力)부, 총 12획　　6급 몸에 정성을 다하여 힘을 내면 상대를 이길 수 있다는 데서 '이기다'의 뜻을 나타냄. ▶ 勝利(승리) : 겨루어 이김. ▶ 必勝(필승) : 반드시 이김.
始 비로소 **시**		계집 녀(女)부, 총 8획　　6급 여자에게서 새 생명이 시작된다는 뜻임. ▶ 開始(개시) : 행동이나 일 따위를 시작함. ▶ 始初(시초) : 맨 처음.

한자의 뜻과 음을 생각하며, 순서에 따라 써 보세요.

順	ノ 刀 川 川 川 川 順 順 順 順 順 順
순할 **순**	順 順 順

術	ノ ク 彳 彳 彳 彳 彳 術 術 術 術
재주 **술**	術 術 術

習	フ ヲ ヲ ヲ ヲ ヲ ヲ ヲ 習 習 習
익힐 **습**	習 習 習

勝	ノ 刀 月 月 月 月 月 胖 胖 朕 勝 勝
이길 **승**	勝 勝 勝

始	く 女 女 女 奵 奵 始 始
비로소 **시**	始 始 始

 示
보일 시

보일 시(示)부, 총 5획　5급

제단의 모양을 본뜬 글자로, '보이다' 의 뜻을 나타냄.

▶ 告示(고시) : 여러 사람에게 알릴 것을 글로 써서 게시함.
▶ 明示(명시) : 분명하게 나타내어 보임.

式
법 식

주살 익(弋)부, 총 6획　6급

주살을 만드는 데도 법식이 있다는 뜻임.

▶ 方式(방식) : 일정한 방식.
▶ 形式(형식) : 사물이 외부로 나타나 보이는 모양.

識
알 식

말씀 언(言)부, 총 19획　5급

말소리를 창으로 기록하여 알린다는 데서 '알다' 의 뜻을 나타냄.

▶ 識見(식견) : 학식과 견문.
▶ 識別(식별) : 알아서 구별함.

 神
귀신 신

보일 시(示)부, 총 10획　6급

번개 치는 소리를 귀신의 소리라 여긴 데서 '귀신' 의 뜻을 나타냄.

▶ 神童(신동) : 재주와 슬기가 뛰어난 아이.
▶ 失神(실신) : 정신을 잃음.

 身
몸 신

몸 신(身)부, 총 7획　6급

임신한 여자의 옆모습을 본뜬 글자로, '몸' 의 뜻을 나타냄.

▶ 身分(신분) : 사회적 지위.
▶ 身手(신수) : 용모와 풍채.

한자의 뜻과 음을 생각하며, 순서에 따라 써 보세요.

示	一 二 亍 示 示
	示　示　示
보일 **시**	

式	一 二 亍 正 式 式
	式　式　式
법 **식**	

識	丶 亠 亖 言 言 言 言 言 語 語 語 語 語 識 識 識
	識　識　識
알 **식**	

神	一 二 亍 礻 礻 礻 和 和 神 神
	神　神　神
귀신 **신**	

身	丿 亻 勹 自 身 身 身
	身　身　身
몸 **신**	

信 믿을 **신**		사람 인(亻〈人〉)부, 총 9획 **6급** 사람이 한 말을 믿는다는 뜻으로, '믿다'의 뜻을 나타냄. ▶ 信念(신념) : 굳게 믿는 마음. ▶ 通信(통신) : 의사 전달 수단.
新 새 **신**		날 근(斤)부, 총 13획 **6급** 서서 도끼로 나무를 자르니 새순이 나온다는 데서 '새것'의 뜻을 나타냄. ▶ 新年(신년) : 새 해. ▶ 新任(신임) : 새로 임명됨.
臣 신하 **신**		신하 신(臣)부, 총 6획 **5급** 임금 앞에 머리를 숙이고 있는 신하의 모습을 본뜬 글자로, '신하'의 뜻을 나타냄. ▶ 功臣(공신) : 국가에 공로가 있는 신하. ▶ 使臣(사신) : 임금이나 국가의 명령으로 외국에 심부름 가는 신하.
失 잃을 **실**		큰 대(大)부, 총 5획 **6급** 송곳에 뚫린 것처럼 큰 사람이 정신을 잃었다는 데서 '잃다'의 뜻임. ▶ 失格(실격) : 자격을 잃음. ▶ 失意(실의) : 의욕을 잃음.
實 열매 **실**		갓머리(宀)부, 총 14획 **5급** 집 안에 돈꾸러미가 가득 찼다는 데서 속이 찬 '열매'의 뜻을 나타냄. ▶ 實感(실감) : 실제의 느낌. ▶ 事實(사실) : 실제로 있었던 일이나 현재에 있는 일.

한자의 뜻과 음을 생각하며, 순서에 따라 써 보세요.

信	ノ イ イ 信 信 信 信 信 信
믿을 **신**	信 信 信

新	` ㅡ ㅗ ㅗ 효 효 立 辛 辛 新 新 新 新
새 **신**	新 新 新

臣	ㅡ T 下 五 五 臣
신하 **신**	臣 臣 臣

失	ノ ヒ 느 失 失
잃을 **실**	失 失 失

實	` ` 宀 宀 宀 宀 审 审 宵 宵 宵 宵 實 實
열매 **실**	實 實 實

兒 아이 **아**		어진사람인발(儿)부, 총 8획　⑤급 정수리의 숨구멍이 덜 굳은 아기의 모습을 본뜬 글자로, '아이'의 뜻을 나타냄. ▶ 小兒(소아) : 어린아이. ▶ 育兒(육아) : 어린아이를 기름.
惡 악할 **악** 미워할 **오**		마음 심(心)부, 총 12획　⑤급 선한 마음 다음에 붙어다니는 마음이 악이라는 데서 '악하다'의 뜻을 나타냄. ▶ 惡意(악의) : 나쁜 마음. ▶ 害惡(해악) : 해가 되는 나쁜 일.
案 책상 **안**		나무 목(木)부, 총 10획　⑤급 편안하게 앉아서 공부할 수 있도록 나무로 만든 '책상'이라는 뜻임. ▶ 案件(안건) : 토의하거나 조사하여야 할 사실. ▶ 案內(안내) : 목적하는 곳으로 데려다 줌.
愛  사랑 **애**		마음 심(心)부, 총 13획　⑥급 마음으로 사랑한다는 데서 '사랑'의 뜻을 나타냄. ▶ 敬愛(경애) : 공경하고 사랑함. ▶ 愛國(애국) : 나라를 사랑함.
野  들 **야**		마을 리(里)부, 총 11획　⑥급 마을의 논밭에서 곡식을 거두어들이는 '들'을 뜻함. ▶ 野心(야심) : 야망을 이루려는 욕심. ▶ 野合(야합) : 좋지 못한 목적으로 서로 어울림.

한자의 뜻과 음을 생각하며, 순서에 따라 써 보세요.

兒	´ ⌐ ⌐ ⌐ 臼 臼 臼 兒 兒					
	兒	兒	兒			
아이 **아**						

惡	⌐ ⌐ ⌐ 吓 吓 亞 亞 亞 亞 惡 惡 惡					
	惡	惡	惡			
악할 **악**, 미워할 **오**						

案	´ ⌐ 宀 宀 安 安 安 案 案 案					
	案	案	案			
책상 **안**						

愛	´ ⌐ ⌐ ⌐ ⌐ 炉 炉 炉 惢 惢 惢 愛 愛 愛					
	愛	愛	愛			
사랑 **애**						

野	⌐ ⌐ 曰 曰 旦 甲 里 野 野 野 野					
	野	野	野			
들 **야**						

夜 밤 야		저녁 석(夕)부, 총 8획 **6급** 저녁이 되면 또 밤이 온다는 데서 '밤'의 뜻을 나타냄. ▶ 夜間(야간) : 밤 사이. ▶ 夜景(야경) : 밤의 경치.
藥 약 약		초두(艹〈艸〉)부, 총 19획 **6급** 풀로서 병자에게 즐거움을 주는 것이 약초라는 데서 '약'의 뜻을 나타냄. ▶ 藥局(약국) : 약을 조제하는 곳. ▶ 藥效(약효) : 약의 효력.
弱 약할 약		활 궁(弓)부, 총 10획 **6급** 두 개의 활이 느슨하게 풀려 있는 모양을 본뜬 글자로, '약하다'의 뜻을 나타냄. ▶ 弱者(약자) : 약한 사람. ▶ 弱化(약화) : 힘이나 세력이 약하게 됨.
約 약속할 맺을 약		실 사(糸)부, 총 9획 **5급** 실로 단단히 묶듯이 약속한다는 데서 '약속하다'의 뜻을 나타냄. ▶ 規約(규약) : 협의에 의해 정한 규칙. ▶ 約定(약정) : 일을 약속하여 정함.
陽 볕 양		좌부방(阝〈阜〉)부, 총 12획 **6급** 태양이 언덕 위로 솟아오르는 데서 '볕'의 뜻을 나타냄. ▶ 陽氣(양기) : 맑고 환한 기운. ▶ 夕陽(석양) : 저녁때의 해.

한자의 뜻과 음을 생각하며, 순서에 따라 써 보세요.

夜	`丶 一 广 疒 疒 夕 夜 夜`
밤 **야**	夜 夜 夜

藥	`丶 丷 丱 ㅛ 艹 芏 芦 茛 荁 荁 荁 蒪 蒪 蒪 蒪 蒪 蒪 蒪 蒪 蓻 蒪 藥 藥 藥`
약 **약**	藥 藥 藥

弱	`丁 マ 弓 弓 弓 弓 弔 弔 弱 弱 弱`
약할 **약**	弱 弱 弱

約	`丿 ㅅ ㅆ ㄠ 糸 糸 約 約 約`
약속할·맺을 **약**	約 約 約

陽	`丁 ㄱ 阝 阝 阝 阝 阿 阳 阴 陽 陽 陽`
볕 **양**	陽 陽 陽

洋 큰바다 양		삼수변(氵〈水〉)부, 총 9획　6급 물결이 양 떼같이 이는 곳이 '큰바다'라는 뜻임. ▶ 洋服(양복) : 서양식으로 만든 옷. ▶ 洋屋(양옥) : 서양식으로 지은 집.
養 기를 양		밥 식(食)부, 총 15획　5급 양에게 밥을 먹여 기르듯 어른을 봉양한다는 데서 '기르다'의 뜻을 나타냄. ▶ 養成(양성) : 길러 냄. ▶ 養育(양육) : 길러서 자라게 함.
漁 고기잡을 어		삼수변(氵〈水〉)부, 총 14획　5급 물에서 물고기를 잡는다는 데서 '고기를 잡다'의 뜻을 나타냄. ▶ 漁夫(어부) : 고기잡이를 업으로 하는 사람. ▶ 漁船(어선) : 고기잡이배.
魚 물고기 어		물고기 어(魚)부, 총 11획　5급 지느러미를 펼친 물고기 모양으로, '물고기'를 나타냄. ▶ 魚類(어류) : 물고기의 종류. ▶ 養魚(양어) : 물고기를 인공적으로 길러 번식시키는 일.
億 억 억		사람 인(亻〈人〉)부, 총 15획　5급 사람의 일이 뜻대로 잘 되면 마음이 편안한데 편안함을 바라는 마음이 끝이 없다는 데서 '억'의 뜻을 나타냄. ▶ 億萬(억만) : 셀 수 없을 만큼 많은 수효. ▶ 億萬長者(억만장자) : 헤아리기 어려울 정도로 재산이 많은 사람.

한자의 뜻과 음을 생각하며, 순서에 따라 써 보세요.

洋 큰바다 **양**	`丶丶氵氵氵氵洋洋洋` 洋 洋 洋
養 기를 **양**	`丶丶丷丷羊羊羊羊美美養養養養` 養 養 養
漁 고기잡을 **어**	`丶丶氵氵氵沪沪渔渔漁漁漁漁漁` 漁 漁 漁
魚 물고기 **어**	`丿丿丶各各角魚魚魚魚` 魚 魚 魚
億 억 **억**	`丿亻亻亻广广伫伫倍倍倍億億億` 億 億 億

言 말씀 **언**	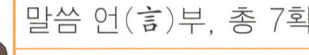	말씀 언(言)부, 총 7획　　6급 바늘처럼 입으로 날을 곧게 한다는 뜻임. ▶ 言動(언동) : 언어와 행동. ▶ 言行一致(언행일치) : 말과 행동이 같음.
業 일 **업**		나무 목(木)부, 총 13획　　6급 악기를 거는 받침틀 모양을 본뜬 글자로, 악기에 무늬를 새기는 일을 한다는 데서 '일'의 뜻을 나타냄. ▶ 業界(업계) : 같은 일을 하는 사람들의 사회. ▶ 業種(업종) : 영업이나 사업의 종류.
熱 더울 **열**		연화발(灬〈火〉)부, 총 15획　　5급 불길의 힘이 왕성하고 세차서 뜨겁다는 데서 '덥다'의 뜻을 나타냄. ▶ 熱氣(열기) : 뜨거운 기운. ▶ 加熱(가열) : 물체에 열을 줌.
葉 잎 **엽**		초두(艹〈艸〉)부, 총 13획　　5급 풀처럼 세상에 나온 나무에 달린 싹이라는 데서 '잎사귀'의 뜻을 나타냄. ▶ 葉書(엽서) : 우편 엽서의 준말. ▶ 落葉(낙엽) : 잎이 말라 줄기에서 떨어지는 잎.
永 길 **영**	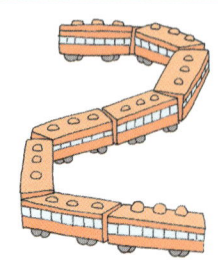	물 수(水)부, 총 5획　　6급 여러 갈래의 물줄기가 합쳐져 흘러가는 모양을 본뜬 글자임. ▶ 永遠(영원) : 어떤 상태가 끝없이 이어짐. ▶ 永住(영주) : 일정한 곳에 오래 삶.

한자의 뜻과 음을 생각하며, 순서에 따라 써 보세요.

言 말씀 언	` 一 亠 亖 言 言 言 言 言 言 言
業 일 업	` ╷ ╵╵ ╩ ╩ ╩ ╩ ╩ ╩ 丵 丵 業 業 業 業 業
熱 더울 열	一 十 土 坴 坴 坴 坴 幸 刲 刲 刲 執 熱 熱 熱 熱 熱
葉 잎 엽	` 一 艹 艹 艹 芒 芒 芒 葉 葉 葉 葉 葉 葉 葉
永 길 영	` ╛ ╛ ╛ 永 永 永 永 永

英 꽃부리 **영**		초두(艹〈艸〉)부, 총 9획　6급 풀 가운데에서 솟아 올라오는 것이 '꽃부리'라는 뜻임. ▶ 英文(영문) : 영어로 쓴 문장. ▶ 英特(영특) : 영민하고 뛰어남.
屋 집 **옥**		주검 시(尸)부, 총 9획　5급 사람이 머물러 산다는 데서 '집'의 뜻을 나타냄. ▶ 家屋(가옥) : 사람이 사는 집. ▶ 屋內(옥내) : 집의 안.
溫 따뜻할 **온**		삼수변(氵〈水〉)부, 총 13획　6급 물을 그릇에 가두어 데운다는 데서 '따뜻하다'의 뜻을 나타냄. ▶ 溫氣(온기) : 따뜻한 기운. ▶ 溫順(온순) : 성질이 부드럽고 순함.
完 완전할 **완**		갓머리(宀)부, 총 7획　5급 으뜸 가는 자재를 써서 집을 완전하게 꾸몄다는 데서 '꾸미다'의 뜻을 나타냄. ▶ 完結(완결) : 완전히 끝을 맺음. ▶ 完全(완전) : 부족함 없이 모두 갖추어짐.
曜 빛날 **요**		날 일(日)부, 총 18획　5급 꿩깃이 햇빛에 반사되어 아름답게 빛난다는 데서 '빛나다'의 뜻을 나타냄. ▶ 曜日(요일) : 한 주일의 각 날을 나타내는 말.

한자의 뜻과 음을 생각하며, 순서에 따라 써 보세요.

英 꽃부리 **영**	一 十 十 艹 艹 苹 英 英 英 英 英						
屋 집 **옥**	ㄱ ㄱ 尸 尸 居 屄 层 屋 屋 屋 屋 屋						
溫 따뜻할 **온**	丶 丶 氵 氵 氵 沪 沪 沪 泗 汩 渭 溫 溫 溫 溫 溫 溫						
完 완전할 **완**	丶 丷 宀 宀 宇 完 完 完 完 完						
曜 빛날 **요**	丨 冂 日 日 日 日 日 日 日 日 日 日 日 日 日 日 曜 曜 曜						

		덮을 아(襾)부, 총 9획　5급
要 요긴할 **요**		여자가 두 손으로 허리를 잡고 서 있는 모습을 본뜬 글자로, '요긴하다'의 뜻을 나타냄. ▶ 要件(요건) : 중요한 용건. ▶ 必要(필요) : 꼭 소용이 됨.

		삼수변(氵〈水〉)부, 총 10획　5급
浴 목욕할 **욕**		골짜기에서 흐르는 물로 몸을 씻는다는 데서 '목욕하다'의 뜻을 나타냄. ▶ 日光浴(일광욕) : 온몸에 햇볕을 쬐는 일. ▶ 浴室(욕실) : 목욕하는 방.

		힘 력(力)부, 총 9획　6급
勇 날랠 **용**		샘에서 물이 솟듯 그치지 않는 힘이 있으니 '용감하다, 날래다'는 뜻임. ▶ 勇氣(용기) : 씩씩하고 굳센 기운. ▶ 勇士(용사) : 용맹스런 사람.

		쓸 용(用)부, 총 5획　6급
用 쓸 **용**		옛날에 점을 쳐서 맞으면 그 일을 바로 시행한다는 데서 '쓰다'의 뜻을 나타냄. ▶ 用品(용품) : 어떤 데에 쓰이는 물품. ▶ 着用(착용) : 의복, 모자 등을 입거나 쓰는 것.

		또 우(又)부, 총 4획　5급
友 벗 **우**		손과 손을 잡고 반기는 사이가 '벗'이라는 뜻임. ▶ 友愛(우애) : 형제간의 두터운 정과 사랑. ▶ 學友(학우) : 함께 공부하는 벗.

한자의 뜻과 음을 생각하며, 순서에 따라 써 보세요.

要	一 十 十 币 币 西 要 要 要						
요긴할 **요**	要	要	要				

浴	丶 丶 氵 汀 汓 汐 浴 浴 浴 浴						
목욕할 **욕**	浴	浴	浴				

勇	一 マ ア 马 吊 甬 甬 甬 勇						
날랠 **용**	勇	勇	勇				

用	丿 刀 月 月 用						
쓸 **용**	用	用	用				

友	一 ナ 方 友						
벗 **우**	友	友	友				

牛 소 우		소 우(牛)부, 총 4획 **5급** 앞에서 본 '소'의 머리 모양을 본뜬 글자임. ▶ 農牛(농우) : 농사짓는 데 이용하는 소. ▶ 牛車(우차) : 소가 끄는 짐수레.

雨 비 우		비 우(雨)부, 총 8획 **5급** 구름에서 물방울이 떨어져 내리는 모양을 본 뜬 글자로, '비'의 뜻을 나타냄. ▶ 雨量(우량) : 비가 온 분량. ▶ 雨天(우천) : 비가 내리는 하늘. 비가 오는 날.

運 옮길 운		책받침(辶〈辵〉)부, 총 13획 **6급** 군사들이 걸어가는 모양을 나타낸 것으로, 발을 옮긴다는 데서 '옮기다'의 뜻을 나타냄. ▶ 運動(운동) : 물체나 몸의 움직임. ▶ 運用(운용) : 부리어 씀.

雲 구름 운		비 우(雨)부, 총 12획 **5급** 비가 올 것임을 말하여 주는 것이 '구름'이 라는 뜻임. ▶ 雲海(운해) : 구름에 덮인 바다. 바다처럼 널 리 깔린 구름. ▶ 雲集(운집) : 구름처럼 많이 모임.

雄 수컷 웅		새 추(隹)부, 총 12획 **5급** 새 중에서도 발톱의 힘이 강한 것이 '수컷' 이라는 뜻임. ▶ 英雄(영웅) : 재능과 지력이 썩 훌륭한 사람. ▶ 雄志(웅지) : 웅대하고 장한 포부.

한자의 뜻과 음을 생각하며, 순서에 따라 써 보세요.

牛	′ ┌ ├ 牛
소 우	牛 牛 牛

雨	― ┌ ┌ 币 币 雨 雨 雨
비 우	雨 雨 雨

運	′ ┌ ┌ ┌ 冃 冐 宣 宣 軍 軍 渾 渾 運
옮길 운	運 運 運

雲	― ┌ ┌ 币 币 雲 雲 雲 雲 雲 雲 雲
구름 운	雲 雲 雲

雄	― ナ 厷 厷 厷 厷 厷 雄 雄 雄 雄 雄
수컷 웅	雄 雄 雄

園 동산 원

큰입구몸(囗)부, 총 13획　6급

과일이 주렁주렁 달린 과수원을 울타리로 에워싼 모양을 나타냄.

▶ 公園(공원) : 유원지 등의 사회 시설.
▶ 果樹園(과수원) : 과실 나무를 심은 밭.

遠 멀 원

책받침(辶〈辵〉)부, 총 14획　6급

먼 거리를 쉬엄쉬엄 걸어간다는 데서 '멀다'의 뜻을 나타냄.

▶ 遠景(원경) : 멀리 보이는 경치.
▶ 遠大(원대) : 크고 대단함.

元 으뜸 원

어진사람인발(儿)부, 총 4획　5급

사람이 몸에서 제일 윗부분인 머리를 나타내어 '으뜸'이라는 뜻임.

▶ 元氣(원기) : 타고난 기운.
▶ 元首(원수) : 국가의 최고 통치권자.

原 근원 원

민 엄(厂)부, 총 10획　5급

바위 밑에서 솟아나는 샘물이 곧 물의 근원이라는 데서 '근원'의 뜻을 나타냄.

▶ 原理(원리) : 사물의 근본 이치.
▶ 原因(원인) : 사물의 근본이 되는 까닭.

院 집 원

좌부방(阝〈阜〉)부, 총 10획　5급

언덕 위에 완전하게 지은 관청이라는 뜻임.

▶ 登院(등원) : 국회 의원이 국회에 나감.
▶ 院長(원장) : 병원, 학원 등의 우두머리.

한자의 뜻과 음을 생각하며, 순서에 따라 써 보세요.

園	丨 冂 冂 冂 冃 周 周 周 園 園 園 園
동산 **원**	園 園 園

遠	一 十 土 十 吉 吉 声 吏 袁 袁 ˋ袁 ˋ遠 遠 遠
멀 **원**	遠 遠 遠

元	一 二 テ 元
으뜸 **원**	元 元 元

原	一 厂 厂 厈 厈 匠 匠 盾 原 原 原
근원 **원**	原 原 原

院	ˀ ˀ ㇏ ㇏ ㇏ 阝 陀 陀 陀 陀 院
집 **원**	院 院 院

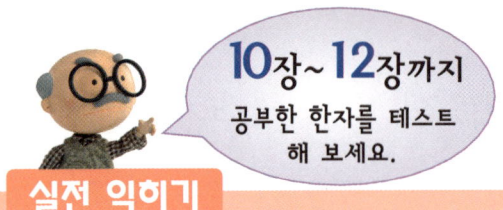
1 다음 漢字語의 讀音을 例에서 찾아 그 번호를 쓰세요.

例 　① 신중 　② 운동 　③ 조건 　④ 수도 　⑤ 신동
　　⑥ 양육 　⑦ 완성 　⑧ 안건 　⑨ 완결 　⑩ 수석

(1) 首席 (　　) 　　(2) 神童 (　　　) 　　(3) 案件 (　　　)

(4) 養育 (　　) 　　(5) 完結 (　　　) 　　(6) 運動 (　　　)

2 다음 漢字의 訓과 음을 쓰세요.

(1) 雄 (　　　　　) 　　(2) 浴 (　　　　　)

(3) 葉 (　　　　　) 　　(4) 漁 (　　　　　)

(5) 愛 (　　　　　) 　　(6) 識 (　　　　　)

3 다음 밑줄 친 漢字語를 漢字로 쓰세요.

(1) 정도전은 조선의 개국 공신이다. (　　　　)

(2) 삼촌께서 어제 새 양복을 한 벌 사셨다. (　　　　)

(3) 그의 용기 있는 행동에 모두들 박수를 보냈다. (　　　　)

4 다음 뜻을 가진 漢字語를 [例]에서 찾아 그 번호를 쓰세요.

> [例] ① 約束 ② 完成 ③ 完全 ④ 規約

(1) 부족함이 없이 모두 갖추어짐. (   )

(2) 협의에 의해 정한 규칙. (   )

5 다음 訓과 음에 맞는 漢字를 쓰세요.

> [例]   글자 자 ⋯▶ 字

(1) 잃을 실 ⇨ (   )   (2) 밤 야 ⇨ (   )

(3) 말씀 언 ⇨ (   )   (4) 멀 원 ⇨ (   )

6 다음 漢字의 약자(획수를 줄인 漢字)를 쓰세요.

> [例]   會 ⋯▶ 会

(1) 關 ⇨ (   )   (2) 當 ⇨ (   )

(3) 實 ⇨ (   )   (4) 惡 ⇨ (   )

❖ 다른 사람의 하찮은 언행도 자신의 덕을 닦는 데 도움이 된다는 말입니다.

他 山 之 石

다를 **타**　　메 **산**　　갈 **지**　　돌 **석**

우리 나라의 남쪽에 있는 섬으로서 관광지로 유명한 곳은?

저요

저요

너희들 내려, 손 내려! 콱!

저요, 저요!

그래, 맹구 너 해 봐.

네, 이번 문제는 진짜 맞힐 자신 있어요.

그래, 이번엔 널 믿는다. 말해 봐.

호박엿으로 유명한 울릉도. 맞죠, 스승님?

킥킥, 울릉도래.

이 바보야. 맹구는 바보래요, 제주도도 모르는 바보래요.

음~, 울릉도 맞는데?

바보야, 어떻게 울릉도가 남쪽에 있니? 동쪽에 있지.

우리 나라 지도를 이렇게 돌려 놓으면 위치가 바뀌잖아.

야~아, 우리 나라를 돌린다구? 너 진짜 대단하다.

치, 그것 좀 안다고 되게 재네.

내가 너라면 서당 안 다니고 논다 놀아.

언년이가 남들보다 좀 안다고 너무하는군.

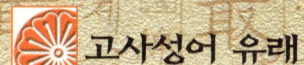

고사성어 유래

타산지석 (他山之石)

'타산지석'이란 말은 《시경(詩經)》의 《학명편(鶴鳴編)》에 나오는 말입니다.

옥돌을 곱게 갈기 위해서는 같은 옥돌로 갈아서는 안 됩니다. 왜냐 하면 서로 단단함이 같기 때문입니다. 따라서 보통 돌을 사용해야만 옥돌을 갈 수 있습니다.

'타산지석'이란 말은 여기서 나온 말인데, 비록 다른 산에서 쓸모 없이 굴러다니던 돌일지라도 그 돌이 또 다른 산에 가면 옥돌을 가는 귀중한 곳에 쓰일 수 있다는 뜻입니다.

이것을 사람에 비유해 보면, 아무리 보잘것 없고 초라해 보이는 사람에게도 무엇이든 간에 배울 점이 있다는 말이니, 겉모습만 보고 함부로 사람을 무시해서는 안 될 것입니다.

願 원할 **원**		머리 혈(頁)부, 총 19획　5급 생각의 근원이 되는 머리로 잘 되기를 바란다는 데서 '원하다, 바라다'의 뜻을 나타냄. ▶ 念願(염원) : 마음에 간절히 생각하고 기원함. ▶ 願書(원서) : 청원하는 뜻을 기록한 서류.
位 자리 **위**		사람 인(亻〈人〉)부, 총 7획　5급 사람이 서 있는 곳이라는 데서 '자리'의 뜻을 나타냄. ▶ 高位(고위) : 높고 귀한 지위. ▶ 地位(지위) : 개인의 사회적 신분에 따르는 위치.
偉 클·위대할 **위**		사람 인(亻〈人〉)부, 총 11획　5급 크다(韋)와 사람(人)이 합하여 '뛰어나다, 훌륭하다'의 뜻을 나타냄. ▶ 偉大(위대) : 뛰어나고 훌륭함. ▶ 偉業(위업) : 뛰어난 업적.
由 말미암을 **유**		밭 전(田)부, 총 5획　6급 열매가 꼭지에 매달린 모양을 본뜬 글자로, '말미암다'의 뜻을 나타냄. ▶ 由來(유래) : 사물의 내력. ▶ 事由(사유) : 일의 까닭.
油 기름 **유**		삼수변(氵〈水〉)부, 총 8획　6급 땅 속에서 나오는 기름이라는 데서 '기름'의 뜻을 나타냄. ▶ 石油(석유) : 천연의 기름. ▶ 原油(원유) : 정제하지 않은 석유.

한자의 뜻과 음을 생각하며, 순서에 따라 써 보세요.

願 원할 **원**	一 厂 厂 厂 戶 戶 原 原 原 原 原 願 願 願 願 願 願 願 願 願 願	
位 자리 **위**	ノ 亻 亻 亿 份 位 位 位 位 位	
偉 클·위대할 **위**	ノ 亻 亻 伫 停 侉 偉 偉 偉 偉 偉 偉 偉	
由 말미암을 **유**	丿 冂 冂 由 由 由 由 由	
油 기름 **유**	丶 丶 氵 汨 汩 油 油 油 油 油	

銀
은 은

쇠 금(金)부, 총 14획 **6급**

흰 빛을 내는 쇠붙이라는 뜻임.

▶ 金銀(금은) : 금과 은.
▶ 銀行(은행) : 저축자로부터 예금을 맡아 관리하는 금융 기관.

飮
마실 음

밥 식(食)부, 총 13획 **6급**

입을 크게 벌리고 물을 마시는 모양으로, '마시다'의 뜻임.

▶ 飮料(음료) : 마시는 음식의 총칭.
▶ 飮食(음식) : 마실 것과 먹을 것.

音
소리 음

소리 음(音)부, 총 9획 **6급**

말씀 언(言)에 획을 그어 말에 마디가 있음을 나타낸 글자로, '소리'의 뜻을 나타냄.

▶ 音色(음색) : 소리의 종류와 성질.
▶ 音節(음절) : 소리 마디.

意
뜻 의

마음 심(心)부, 총 13획 **6급**

말소리를 들으면 그 사람의 성격을 알 수 있다는 데서 '뜻'이라는 의미를 나타냄.

▶ 意思(의사) : 마음먹은 생각.
▶ 意向(의향) : 생각이나 뜻한 바.

衣
옷 의

옷 의(衣)부, 총 6획 **6급**

목과 옷깃을 본뜬 글자로, '옷'의 뜻을 나타냄.

▶ 衣類(의류) : 옷을 포괄적으로 이르는 말.
▶ 着意(착의) : 옷을 입음.

한자의 뜻과 음을 생각하며, 순서에 따라 써 보세요.

銀	ノ ノ ト ᅡ ᄾ ᅩ ᅀ 金 釒 釘 釕 釬 銀 銀
銀	銀 銀 銀
은 **은**	

飮	ノ ノ ト ᄾ ᅀ ᅀ 令 食 食 飣 飮 飮 飮
飮	飮 飮 飮
마실 **음**	

音	` 亠 ᅩ ᅲ 立 产 音 音 音
音	音 音 音
소리 **음**	

意	` 亠 ᅩ ᅲ 立 产 音 音 音 音 意 意 意
意	意 意 意
뜻 **의**	

衣	` 亠 ᅡ ᅷ ᅷ 衣
衣	衣 衣 衣
옷 **의**	

133

醫 의원 **의**	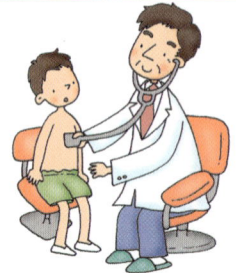	닭 유(酉)부, 총 18획 **6급** 화살에 찔린 상처나 두들겨 맞은 데를 술(알코올)로 소독하는 사람이 '의원'이라는 뜻임. ▶ 醫術(의술) : 병을 고치는 기술. ▶ 名醫(명의) : 병을 잘 고쳐 이름난 의사.
以 써 **이**		사람 인(人)부, 총 5획 **5급** 쟁기의 모양을 본뜬 글자로, '~으로써'라는 어조사로 사용됨. ▶ 以內(이내) : 일정한 범위의 안. ▶ 以心傳心(이심전심) : 마음과 마음으로 전달됨.
耳 귀 **이**	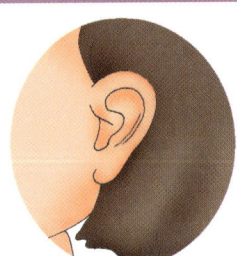	귀 이(耳)부, 총 6획 **5급** 사람 '귀'의 모양을 본뜬 글자임. ▶ 耳目(이목) : 귀와 눈. ▶ 耳順(이순) : 나이 예순을 일컫는 말.
因 인할 **인**		큰입구몸(口)부, 총 6획 **5급** 에워싼 큰 울타리로 인하여 의지하여 살아간다는 뜻임. ▶ 因果(인과) : 원인과 결과. ▶ 原因(원인) : 어떤 일의 근본이 되는 까닭.
任 맡길 **임**		사람 인(亻〈人〉)부, 총 6획 **5급** 중요한 일을 사람에게 짊어지게 한다는 데서 '맡기다'의 뜻을 나타냄. ▶ 任用(임용) : 직무를 맡겨서 등용함. ▶ 責任(책임) : 맡아서 해야 할 임무.

한자의 뜻과 음을 생각하며, 순서에 따라 써 보세요.

醫	一 ア 王 王 手 手 医 医 殴 殴 殴 殴 殴 醫 醫 醫 醫
의원 **의**	醫 醫 醫

以	丿 乚 乚 以 以
써 **이**	以 以 以

耳	一 丆 丆 丆 王 耳
귀 **이**	耳 耳 耳

因	丨 冂 冂 冃 因 因
인할 **인**	因 因 因

任	丿 亻 亻 仁 仟 任
맡길 **임**	任 任 任

者		늦을로 엄(耂〈老〉)부, 총 9획　6급
놈 **자**		노인이 젊은이를 지칭하는 소리를 나타냄.

▶ 記者(기자) : 기사를 집필, 편집하는 사람.
▶ 技術者(기술자) : 기술을 가진 사람.

昨		날 일(日)부, 총 9획　6급
어제 **작**		하루가 잠깐 사이에 지나가 버렸다는 뜻임.

▶ 昨日(작일) : 어제.
▶ 昨今(작금) : 어제와 오늘.

作		사람 인(亻〈人〉)부, 총 7획　6급
지을 **작**		사람이 잠깐 사이에 작품을 만든다는 데서 '만들다'의 뜻을 나타냄.

▶ 作家(작가) : 예술을 창작하는 사람.
▶ 原作(원작) : 본래의 작품.

章		설 립(立)부, 총 11획　6급
글 **장**		소리가 일단락 지어지는 악장을 나타냄.

▶ 文章(문장) : 생각이나 느낌을 글자로 기록해 나타내는 것.
▶ 章理(장리) : 밝은 이치.

在		흙 토(土)부, 총 6획　6급
있을 **재**		새싹이 흙에 뿌리를 박고 있다는 데서 '있다'의 뜻을 나타냄.

▶ 在中(재중) : 속에 들어 있음.
▶ 所在(소재) : 있는 곳.

한자의 뜻과 음을 생각하며, 순서에 따라 써 보세요.

者	一 十 土 少 耂 者 者 者 者						
놈 **자**	者 者 者						

昨	丨 冂 日 日 日' 昨 昨 昨 昨						
어제 **작**	昨 昨 昨						

作	丿 亻 亻 𠂇 作 作 作						
지을 **작**	作 作 作						

章	丶 亠 产 立 产 音 音 音 音 章 章						
글 **장**	章 章 章						

在	一 ナ 才 在 在 在						
있을 **재**	在 在 在						

漢字

才

재주 재

재주 재(才)부, 총 3획 · 6급

새싹의 모양을 본뜬 글자로, 사람의 능력도 클 수 있다는 데서 '재주'의 뜻을 나타냄.

▶ 才能(재능) : 어떤 일을 잘 할 수 있는 능력.
▶ 英才(영재) : 뛰어난 재주를 가진 사람.

再

두 재

멀 경(冂)부, 총 6획 · 5급

쌓인 재목 위에 또 쌓는 데서 '거듭'의 뜻을 나타냄.

▶ 再建(재건) : 무너진 것을 다시 건설함.
▶ 再會(재회) : 다시 모이거나 만남.

材

재목 재

나무 목(木)부, 총 7획 · 5급

나무를 재주껏 잘 기르면 '재목'이 된다는 뜻임.

▶ 材料(재료) : 물건을 만드는 데 들어가는 것.
▶ 人材(인재) : 학식이나 능력이 뛰어난 사람.

災

재앙 재

불 화(火)부, 총 7획 · 5급

냇물이 넘치고 불이 났다는 데서 '재앙'의 뜻을 나타냄.

▶ 災害(재해) : 재앙으로 인해 받은 피해.
▶ 天災地變(천재지변) : 지진·홍수 따위의 자연의 재앙.

財

재물 재

조개 패(貝)부, 총 10획 · 5급

생활하는 데 바탕이 되는 재산이라는 데서 '재물'의 뜻을 나타냄.

▶ 財力(재력) : 재물의 힘.
▶ 財産(재산) : 개인이나 단체의 소유로 되어 있는 동산과 부동산.

한자의 뜻과 음을 생각하며, 순서에 따라 써 보세요.

才	一 十 才						
재주 **재**	才	才	才				

再	一 丆 冂 冃 丙 再						
두 **재**	再	再	再				

材	一 十 才 木 木一 村 材						
재목 **재**	材	材	材				

災	﹀ ﹀﹀ ﹀﹀﹀ ﹀﹀﹀ ﹀﹀﹀ 災 災						
재앙 **재**	災	災	災				

財	丨 冂 冃 月 目 目 貝 貝一 財 財						
재물 **재**	財	財	財				

爭 다툴 **쟁**		손톱 조(爫〈爪〉)부, 총 8획　**5급** 손톱으로 할퀴며, 갈고리를 들고 '다툰다' 는 뜻임. ▶ 論爭(논쟁) : 말로 서로 다툼. ▶ 戰爭(전쟁) : 무력으로 국가 간에 싸우는 일.
貯 쌓을 **저**		조개 패(貝)부, 총 12획　**5급** 재물을 집 안에 모아 둔다는 데서 '쌓다' 의 뜻을 나타냄. ▶ 貯金(저금) : 돈을 모아 둠. ▶ 貯水(저수) : 물을 모아 둠.
的 과녁 **적**		흰 백(白)부, 총 8획　**5급** 흰 바탕에 작은 잔 같이 생긴 부분이 '과녁' 이라는 뜻임. ▶ 目的(목적) : 어떤 일을 이루고자 하는 목표. ▶ 的中(적중) : 예상대로 딱 들어맞음.
赤 붉을 **적**		붉을 적(赤)부, 총 7획　**5급** 사람이 서 있는 모양과 불이 타오르는 모양을 합친 글자로, '붉다' 의 뜻을 나타냄. ▶ 赤色(적색) : 붉은 빛깔. ▶ 赤衣(적의) : 붉은 옷.
戰 싸울 **전**		창 과(戈)부, 총 16획　**6급** 창과 창이 서로 맞대고 있는 모양에서 '싸우다' 의 뜻을 나타냄. ▶ 戰術(전술) : 전쟁을 하는 방법. ▶ 戰死(전사) : 전쟁터에서 싸우다 죽음.

한자의 뜻과 음을 생각하며, 순서에 따라 써 보세요.

爭 다툴 쟁	′ ′ ′ ′ ′ ′ ′ ′ 兮 兮 兮 爭	爭 爭 爭					
貯 쌓을 저	｜ 冂 冂 月 目 目 貝 貝 貯 貯 貯 貯	貯 貯 貯					
的 과녁 적	′ ′ ′ 亻 亻 亻 亻 的 的	的 的 的					
赤 붉을 적	一 十 土 ナ 方 赤 赤	赤 赤 赤					
戰 싸울 전	′ ′ ′ ′ 口 口 吅 吅 罒 罒 單 單 戰 戰 戰	戰 戰 戰					

傳
전할 전

사람 인(亻〈人〉)부, 총 13획　5급

문화나 소식 같은 것은 오로지 사람만이 전할 수 있다는 뜻임.

▶ 口傳(구전) : 입으로 전함.
▶ 傳來(전래) : 전해 내려옴.

典
법 전

法典

여덟 팔(八)부, 총 8획　5급

책상 위에 꽂혀 있는 책의 모양을 본뜬 글자로, '법도'의 뜻을 나타냄.

▶ 古典(고전) : 오랜 세월에 걸쳐 많은 사람들에게 높이 평가되고 애호된 저술이나 작품.
▶ 法典(법전) : 특정 법규를 성문화한 법규집.

展
펼 전

주검 시(尸)부, 총 10획　5급

몸에 화려한 비단옷을 입고 팔을 벌려 자랑한다는 데서 '펴다'의 뜻을 나타냄.

▶ 展望(전망) : 멀리 바라봄.
▶ 發展(발전) : 더 좋은 상태나 더 높은 단계로 나아감.

切
끊을　절
온통　체

칼 도(刀)부, 총 4획　5급

일곱 번 칼질을 하여 '자른다'는 뜻임.

▶ 切感(절감) : 절실하게 느낌.
▶ 切實(절실) : 썩 긴요하고 절박함.
▶ 一切(일체) : 모든 것.

節
마디 절

대 죽(竹)부, 총 15획　5급

대나무에 이제 곧 마디가 생긴다는 뜻으로, '마디'의 뜻을 나타냄.

▶ 節度(절도) : 일이나 행동을 똑똑 끊어 맺는 마디.
▶ 節約(절약) : 아껴서 씀.

한자의 뜻과 음을 생각하며, 순서에 따라 써 보세요.

傳	ノ イ イ′ イ″ 仨 仨 伊 伸 俥 俥 傳 傳
전할 전	傳 傳 傳

典	一 冂 曰 由 曲 曲 典 典
법 전	典 典 典

展	フ ラ 尸 尸 尸 屈 屏 屏 展 展
펼 전	展 展 展

切	一 七 切 切
끊을 절, 온통 체	切 切 切

節	ノ ト ケ ケ″ ゲ 竹 竹 竹 笁 笁 笪 笪 節 節
마디 절	節 節 節

143

店
가게 점

엄호(广)부, 총 8획　5급

넓은 지역을 차지하고 사고 파는 집이라는 데서 '가게'의 뜻을 나타냄.

▶ 商店(상점) : 상품을 파는 가게의 총칭.
▶ 書店(서점) : 책을 파는 가게.

庭
뜰 정

엄호(广)부, 총 10획　6급

비를 맞지 않도록 지붕에 돌을 얹은 작은 '뜰'이라는 뜻임.

▶ 家庭(가정) : 한 가족이 생활하는 집.
▶ 庭園(정원) : 집 안의 뜰과 꽃밭.

定
정할 정

갓머리(宀)부, 총 8획　6급

집을 지어 아랫사람들이 살게 정해 준다는 데서 '정하다'의 뜻을 나타냄.

▶ 定期(정기) : 정해진 기간.
▶ 決定(결정) : 태도를 분명하게 정함.

停
머무를 정

사람 인(亻〈人〉)부, 총 11획　5급

사람들이 정자에서 '머무른다'는 뜻임.

▶ 停年(정년) : 퇴직하도록 정해진 연령.
▶ 停止(정지) : 하던 일을 멈춤.

情
뜻 정

마음 심(忄〈心〉)부, 총 11획　5급

가슴에 있는 푸른 꿈이 '뜻'이라는 뜻임.

▶ 感情(감정) : 느끼어 일어나는 심정.
▶ 表情(표정) : 감정 등을 겉으로 나타냄.

한자의 뜻과 음을 생각하며, 순서에 따라 써 보세요.

店 가게 점	` 亠 广 广 庐 店 店 店 店 店					
庭 뜰 정	` 亠 广 广 庐 庐 庭 庭 庭 庭 庭 庭					
定 정할 정	` 宀 宀 宀 宇 宇 定 定 定 定 定					
停 머무를 정	ノ 亻 亻 亻 亻 停 停 停 停 停 停 停					
情 뜻 정	` 忄 忄 忄 忄 忄 情 情 情 情 情 情					

題 제목 **제**		머리 혈(頁)부, 총 18획　5급 책머리에 바르게 내놓은 것이 '제목'이라는 뜻임. ▶ 題目(제목) : 책이나 시문의 이름. ▶ 題言(제언) : 책의 머리말.
第 차례 **제**	 제 26 회 전국 마라톤 대회	대 죽(竹)부, 총 11획　6급 죽간을 순서대로 늘어놓은 모습으로, '차례' 의 뜻을 나타냄. ▶ 第一(제일) : 첫째. ▶ 落第(낙제) : 시험에 떨어짐.
朝 아침 **조**		달 월(月)부, 총 12획　6급 해가 돋을 때 서쪽 하늘에는 달이 떠 있는 모습으로, '아침'의 뜻을 나타냄. ▶ 朝夕(조석) : 아침과 저녁. ▶ 朝會(조회) : 학교나 관청 등에서 행하는 아침 모임.
操 잡을 **조**		재방변(扌〈手〉)부, 총 16획　5급 손으로 나무로 만든 물건을 조심스럽게 '잡는 다'는 뜻임. ▶ 操業(조업) : 작업을 함. ▶ 操心(조심) : 실수가 없도록 마음을 삼가서 경계함.
調 고를 **조**		말씀 언(言)부, 총 15획　5급 말이 잘 맞는다는 데서 '고르다'의 뜻을 나타냄. ▶ 强調(강조) : 강력히 주장함. ▶ 調和(조화) : 이것저것이 서로 잘 어울림.

한자의 뜻과 음을 생각하며, 순서에 따라 써 보세요.

題
제목 **제**
	`丶 冂 日 旦 旦 早 昇 是 是 是 題 題 題`
	`題 題 題 題`
	題 題 題		

第 차례 **제**	`丿 ㇒ ㇒ ㇒ 竹 竹 笁 笁 笁 笋 第` 第 第 第		
朝 아침 **조**	`一 十 古 古 古 古 直 卓 車 朝 朝 朝 朝` 朝 朝 朝		
操 잡을 **조**	`一 扌 扌 扌 扩 护 护 护 护 捛 捛 捛 操 操 操` 操 操 操		
調 고를 **조**	`丶 冖 亠 亖 言 言 言 訂 訊 訊 調 調 調 調` 調 調 調		

族 겨레 **족**		모 방(方)부, 총 11획 　6급 깃발 아래 화살을 든 부족의 사람들이 모여 있다는 데서 '겨레'의 뜻을 나타냄. ▶ 族長(족장) : 일족의 우두머리. ▶ 親族(친족) : 촌수가 가까운 일가.
卒 마칠·군사 **졸**	제 42 회 졸업식 	열 십(十)부, 총 8획 　5급 열 명씩 대오를 이룬 같은 복장을 한 '군사'라는 뜻임. ▶ 卒兵(졸병) : 지위가 낮은 군사. ▶ 卒業(졸업) : 학교에서 정해진 과정을 마침.
種 씨 **종**		벼 화(禾)부, 총 14획 　5급 농사짓는 데 가장 중요한 것이 '씨앗'이라는 뜻임. ▶ 種類(종류) : 사물의 부분을 나누는 갈래. ▶ 特種(특종) : 특별한 종류.
終 마칠 **종**	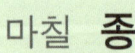	실 사(糸)부, 총 11획 　5급 실을 겨울까지 감았다는 데서 '마치다, 끝내다'의 뜻을 나타냄. ▶ 終結(종결) : 일을 끝맺음. ▶ 始終(시종) : 처음과 마지막.
罪 허물 **죄**		그물 망(罒〈网〉)부, 총 13획 　5급 법망에 걸린 인간답지 아니한 죄지은 죄인이라는 뜻임. ▶ 罪人(죄인) : 죄를 지은 사람. ▶ 罪惡(죄악) : 죄가 될 행위.

한자의 뜻과 음을 생각하며, 순서에 따라 써 보세요.

族	` ´ ㅏ 方 方 方 於 於 族 族
겨레 **족**	族 族 族

卒	` ㅗ ㅗ ㅗ 立 立 立 卒
마칠·군사 **졸**	卒 卒 卒

種	´ ㅗ ㅗ 千 千 利 利 利 秆 稻 稻 種 種
씨 **종**	種 種 種

終	ㄴ ㄴ ㄠ ㅅ 糸 糸 糸 糸 紋 終 終
마칠 **종**	終 終 終

罪	` ㅁ ㅁ 罒 罒 罒 罪 罪 罪 罪 罪 罪 罪
허물 **죄**	罪 罪 罪

州 고을 **주**		내 천(川)부, 총 6획　**5급** 시내 가운데의 작은 섬이란 뜻으로, 시내를 경계로 행정 구역을 정한 데서 '고을'의 뜻을 나타냄. ▶ 州郡(주군) : 주와 군의 뜻으로 지방을 일컬음. ▶ 全州(전주) : 전라 북도의 중앙에 있는 시.
週 주일 **주**		책받침(辶〈辵〉)부, 총 12획　**5급** 두루두루 뛰어 도는 데 1주일 걸렸다는 데서 '주일'의 뜻을 나타냄. ▶ 週期(주기) : 한 바퀴를 도는 시기. ▶ 每週(매주) : 주마다.
晝 낮 **주**		날 일(日)부, 총 11획　**6급** 아침과 밤의 경계를 긋는 것이 '낮'이라는 뜻임. ▶ 晝間(주간) : 낮 동안. ▶ 晝夜(주야) : 낮과 밤.
注 부을 **주**		삼수변(氵〈水〉)부, 총 8획　**6급** 물이 한쪽으로 주력이 되게 퍼붓는다는 뜻임. ▶ 注力(주력) : 힘을 쏟음. ▶ 注意(주의) : 마음에 새겨 조심함.
止 그칠 **지**		그칠 지(止)부, 총 4획　**5급** 사람이 멈추어 선 발목 아래의 발 모양을 본뜬 글자로, '그치다'의 뜻을 나타냄. ▶ 中止(중지) : 일을 중도에서 그만 둠. ▶ 止水(지수) : 흐르지 않고 괴어 있는 물.

한자의 뜻과 음을 생각하며, 순서에 따라 써 보세요.

| 州 고을 **주** | ﹑ ﹅ 丿 少 州 州 州 |
| 州 州 州 | |

| 週 주일 **주** | 丿 刀 刀 月 月 月 周 周 ʼ周 ʼ周 调 週 |
| 週 週 週 | |

| 畫 낮 **주** | ﹁ ﹁ ﹂ ﹂ 聿 書 書 書 書 書 畫 |
| 畫 畫 畫 | |

| 注 부을 **주** | ﹅ ﹅ ﹅ 氵 氵 氵 汁 注 |
| 注 注 注 | |

| 止 그칠 **지** | 丨 ﹅ 止 止 |
| 止 止 止 | |

知 알 지

화살 시(矢)부, 총 8획 　5급

묻는 말에 입에서 화살처럼 대답이 나온다는 데서 '알다'의 뜻을 나타냄.

▶ 知識(지식) : 아는 것과 학식.
▶ 通知(통지) : 기별하여 알림.

質 바탕 질

조개 패(貝)부, 총 15획 　5급

두 개의 도끼 중 돈을 많이 주고 산 것이 바탕이 좋다는 데서 '바탕'의 뜻을 나타냄.

▶ 質問(질문) : 의문이나 이유를 캐물음.
▶ 性質(성질) : 사물이 본디부터 가지고 있는 고유한 특성.

集 모을 집

새 추(隹)부, 총 12획 　6급

새가 나무 위에 모인다는 데서 '모으다'의 뜻을 나타냄.

▶ 集計(집계) : 모아서 합계함.
▶ 集約(집약) : 한데 모아서 요약함.

着 붙을 착

눈 목(目)부, 총 12획 　5급

양들은 서로 마주 보며 떼지어 붙어다닌다는 데서 '붙다'의 뜻을 나타냄.

▶ 固着(고착) : 굳게 붙음.
▶ 着工(착공) : 공사를 시작함.

參 참여할 참

사사 사(厶)부, 총 11획 　5급

세 개의 별이 사람 머리 뒤에 있는 모습에서 '참여하다'의 뜻을 나타냄.

▶ 參加(참가) : 단체나 모임 등에 참여함.
▶ 參觀(참관) : 참가하여 살펴봄.

한자의 뜻과 음을 생각하며, 순서에 따라 써 보세요.

知	ノ 一 仁 午 矢 知 知 知
알 **지**	知 知 知

質	一 厂 厂 斤 斤 斫 斫 所 質 質 質 質 質
바탕 **질**	質 質 質

集	ノ イ イ イ 佳 佳 隹 焦 隼 集 集
모을 **집**	集 集 集

着	` ′ 二 兰 半 羊 着 着 着 着
붙을 **착**	着 着 着

參	′ ′ 二 五 五 至 夕 夾 夾 夾 參 參
참여할 **참**	參 參 參

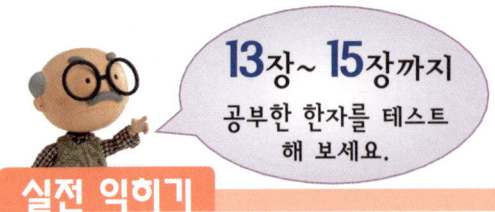

실전 익히기

1 다음 漢字語의 讀音을 例에서 찾아 그 번호를 쓰세요.

> 例 ① 절감 ② 위용 ③ 종류 ④ 체감 ⑤ 임용
> ⑥ 집약 ⑦ 주류 ⑧ 은행 ⑨ 집표 ⑩ 재능

(1) 銀行 (   )   (2) 任用 (   )   (3) 才能 (   )

(4) 切感 (   )   (5) 種類 (   )   (6) 集約 (   )

2 다음 漢字의 訓과 音을 쓰세요.

(1) 參 (   )   (2) 操 (   )

(3) 節 (   )   (4) 財 (   )

(5) 醫 (   )   (6) 願 (   )

3 다음 밑줄 친 漢字語를 漢字로 쓰세요.

(1) 나는 어제 맛있는 음식을 먹었다. (   )

(2) 우리 삼촌은 작가이다. (   )

(3) 정원을 가꾸는 일은 주로 아버지께서 하신다. (   )

4 다음 뜻을 가진 漢字語를 例에서 찾아 그 번호를 쓰세요.

例 　①題目　②終末　③終結　④題言

(1) 책이나 시문의 이름. 　(　　　)

(2) 일을 끝맺음. 　(　　　)

5 다음 訓과 音에 맞는 漢字를 쓰세요.

例 　　글자 자 ┈▶ 字

(1) 글 장 ⇨ (　　　) 　　(2) 싸울 전 ⇨ (　　　)

(3) 어제 작 ⇨ (　　　) 　　(4) 소리 음 ⇨ (　　　)

6 다음 (　) 안에 들어갈 漢字를 例에서 찾아 그 번호를 쓰세요.

例 　①材　②以　③午　④時　⑤朝
　　⑥成　⑦二　⑧發　⑨戰　⑩才

(1) 百(　　)百中 　　(2) (　　)變夕改

(3) (　　)心傳心 　　(4) 多(　　)多能

사 후 약 방 문

❖ 병이 나서 이미 죽은 뒤에 약을 짓는다는 뜻으로, 시기를 놓친 것을 의미합니다.

死 後 藥 方 文

죽을 **사**　뒤 **후**　약 **약**　모 **방**　글월 **문**

애, 얘들아! 경사났어. 스승님이 배탈이 나서 오늘 수업 못 하신대.

그래?

야호!

야, 칠득이. 넌 오늘 수업 안 하는데 기쁘지 않아?

기쁘지, 왜 안 기쁘겠니.

근데 왜 시무룩해?

이럴 줄 알았으면 오늘 서당에 안 오는 건데, 괜히 왔잖아.

우와! 대단한 칠득이야.

맹구야, 그런데 왜 스승님이 배탈이 나셨는데?

글쎄 말이야, 스승님이 엊그제 병이 나셨는데….

응, 근데 엊그제는 수업했잖아.

아이, 참! 자꾸 말 막고 그러니까 잊어버리잖아.

사모님이 약값이 아까워서 약을 안 사 주셨대.

진짜 우리 사모님도 너무하신다.

그래서 스승님이 혼자 약을 사 드시고 병이 나았는데….

사모님이 또 약을 사 와서….

엄청해야, 그걸 어떻게 아니?

이 정도야 센스 아니겠니.

억지로 드시게 했대.
그래서 배탈이 난
거라구.

그러게 말이야.
덕분에 우린 요렇게
놀고 있지만.

그러니까 사모님께서
스승님 병이 다 나은
후에 약을 지어 왔군.

그래서 스승님이 사모님한테
사후약방문이라고 하면서
막 싸우지 않겠니.

사후약
방문?

어흠, 기특한 녀석들. 이제 내가
없어도 열심히들 하는구나.

그래,
사후약방문이 무슨 뜻인지
누가 말해 보아라.

사모님요!

고사성어 유래

사후약방문 (死後藥方文)

'사후약방문'은 조선 인조(仁祖) 때 학자 홍만종(洪萬宗)의 《순오지(旬五志)》에 나오는 말입니다.

굿이 끝난 뒤에 장구를 치는 것은 모든 일이 끝난 뒤에 쓸데없는 짓을 하는 것과 같고, 말을 잃어버린 후에는 마구간을 고쳐도 소용없다는 뜻입니다.

그러므로 '사후약방문'은 사람이 죽은 후에 아무리 좋은 약을 써도 소용이 없다는 말로, 어떤 일이 일어나기 전에 미리미리 근본적인 대책을 세울 줄 아는 현명한 사람이 되어야 한다는 말입니다.

窓
창 **창**

구멍 혈(穴)부, 총 11획　**6급**

지붕에 뚫린 구멍을 나타낸 글자로, '창'의 뜻을 나타냄.

▶ 窓門(창문) : 벽에 뚫어 놓은 작은 문.
▶ 車窓(차창) : 자동차나 열차의 창문.

唱
부를 **창**

입 구(口)부, 총 11획　**5급**

노래를 할 때는 입을 크게 벌리고 부른다는 데서 '부르다'의 뜻을 나타냄.

▶ 歌唱(가창) : 노래를 부름.
▶ 合唱(합창) : 여럿이 혼성으로 노래를 부름.

責
꾸짖을 **책**

조개 패(貝)부, 총 11획　**5급**

생명 같은 돈을 어떻게 했느냐고 책임을 물어 꾸짖는다는 뜻임.

▶ 問責(문책) : 잘못을 물어 책망함.
▶ 責任(책임) : 맡겨진 의무나 임무.

鐵
쇠 **철**

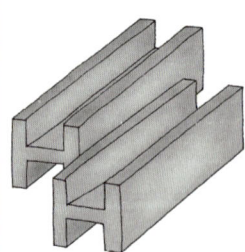

쇠 금(金)부, 총 21획　**5급**

무기를 만들 수 있는 금속이라는 데서 '쇠'의 뜻을 나타냄.

▶ 鐵物(철물) : 쇠로 만든 물건.
▶ 鐵則(철칙) : 절대로 어길 수 없는 규칙.

淸
맑을 **청**

삼수변(氵〈水〉)부, 총 11획　**6급**

물이 푸르고 맑다는 데서 '맑다'의 뜻을 나타냄.

▶ 淸明(청명) : 맑고 밝음.
▶ 淸算(청산) : 셈하여 깨끗이 정리함.

한자의 뜻과 음을 생각하며, 순서에 따라 써 보세요.

窓	ﾞ ﾞ ﾞﾞ 穴 穴 空 窃 窓 窓 窓 窓
창 **창**	窓 窓 窓

唱	｜ 冂 冂 吅 吅 吅 吅 吅 吅 唱 唱
부를 **창**	唱 唱 唱

責	一 二 丰 主 丰 青 青 青 青 責 責
꾸짖을 **책**	責 責 責

鐵	ﾉ ﾉ ﾟ 乍 午 年 金 金 金 釒 釒 鈝 鈝 銕 銕 鐵 鐵 鐵
쇠 **철**	鐵 鐵 鐵

清	ﾞ ﾞ ﾞ 氵 氵 沽 沽 清 清 清 清
맑을 **청**	清 清 清

뼈 골(骨)부, 총 23획　　　6급

뼈 마디가 풍성하게 모여 이루어진 것이 '몸' 이라는 뜻임.

體
몸 체

▶ 體格(체격) : 신체의 골격.
▶ 體面(체면) : 남을 대하는 번듯한 면목.

칼 도(刀)부, 총 7획　　　5급

옷을 만들 때 천을 잘라 마름질하는 것이 첫 작업이라는 데서 '처음'의 뜻을 나타냄.

初
처음 초

▶ 初面(초면) : 처음으로 대하여 봄.
▶ 初心(초심) : 처음에 먹은 마음.

가로 왈(曰)부, 총 12획　　　5급

적군의 귀를 잘라 온 병사가 가장 최고라 말한다는 데서 '가장'의 뜻을 나타냄.

最
가장 최

▶ 最高(최고) : 가장 높음.
▶ 最善(최선) : 가장 착하고도 좋음.

보일 시(示)부, 총 10획　　　5급

신에게 축문을 읽으며 소원을 '빈다'는 뜻임.

祝
빌 축

▶ 祝歌(축가) : 축하하는 뜻으로 부르는 노래.
▶ 祝福(축복) : 앞날의 행복을 빎.

어진사람인발(儿)부, 총 6획　　　5급

머리에 갓을 쓴 선비는 진실이 가득하다는 뜻임.

充
채울 충

▶ 充分(충분) : 여유가 있다.
▶ 充足(충족) : 넉넉하게 채움.

한자의 뜻과 음을 생각하며, 순서에 따라 써 보세요.

體	⌐ ⌐ ⌐ ⌐ ⌐ ⌐ 骨 骨 骨 骨 骨 骨⌐ 骨⌐ 體 體 體 體 體 體 體 體 體 體
몸 **체**	體 體 體

初	⌐ ⌐ ⌐ ⌐ ⌐ 初 初
처음 **초**	初 初 初

最	⌐ ⌐ ⌐ ⌐ ⌐ ⌐ ⌐ ⌐ 最 最 最 最
가장 **최**	最 最 最

祝	⌐ ⌐ ⌐ ⌐ ⌐ ⌐ ⌐ 祝 祝 祝
빌 **축**	祝 祝 祝

充	⌐ ⌐ ⌐ ⌐ ⌐ 充
채울 **충**	充 充 充

致 이를 **치**		이를 지(至)부, 총 10획　　5급 어떤 곳에 가 이르러서 목적을 이루었다는 뜻임. ▶ 一致(일치) : 생각이나 사실이 하나로 맞음. ▶ 風致(풍치) : 시원스럽게 격에 맞는 멋.
則 법칙 **칙**		칼 도(刂〈刀〉)부, 총 9획　　5급 재물을 칼로 자르듯 법칙대로 나눈다는 뜻임. ▶ 規則(규칙) : 행위나 사무 처리의 표준이 되는 지침. ▶ 原則(원칙) : 지켜야 할 근본의 법칙.
親 친할 **친**		볼 견(見)부, 총 16획　　6급 부모가 나무 위에 올라가 멀리 간 자식이 돌아오는지 살피는 모습으로, '친하다'의 뜻을 나타냄. ▶ 親交(친교) : 친밀히 사귐. ▶ 親書(친서) : 손수 쓴 글.
他 다를 **타**		사람 인(亻〈人〉)부, 총 5획　　5급 사람과 뱀은 다른 동물이라는 데서 '다르다'의 뜻을 나타냄. ▶ 他界(타계) : 다른 세계. 저승. ▶ 他意(타의) : 다른 생각이나 마음.
打 칠 **타**		손 수(扌〈手〉)부, 총 5획　　5급 손으로 고무래를 들고 치는 모습으로, '치다'의 뜻을 나타냄. ▶ 打開(타개) : 막힌 일을 잘 처리하여 해결의 길을 엶. ▶ 強打(강타) : 강하게 때림.

한자의 뜻과 음을 생각하며, 순서에 따라 써 보세요.

致 이를 **치**	一 ㄷ ㄷ 즈 즈 至 到 到 致 致 致 致 致
則 법칙 **칙**	丨 冂 月 月 目 貝 貝 則 則 則 則 則
親 친할 **친**	丶 亠 亠 立 立 辛 辛 亲 亲 亲 新 親 親 親 親 親 親 親 親
他 다를 **타**	丿 亻 仃 仲 他 他 他 他
打 칠 **타**	一 十 扌 扌 打 打 打 打

卓 높을 **탁**		열 십(十)부, 총 8획　　**5급** 이른 아침 해가 떠서 하늘 위로 높이 오른다 는 데서 '높다, 뛰어나다'의 뜻을 나타냄. ▶ 卓見(탁견) : 뛰어난 의견이나 식견. ▶ 卓上(탁상) : 책상이나 식탁 등의 위.
炭 숯 **탄**	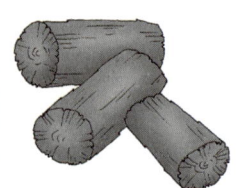	불 화(火)부, 총 9획　　**5급** 산에 묻혀 있는 재 같은 것이 '숯'이라는 뜻 임. ▶ 木炭(목탄) : 숯. ▶ 炭車(탄차) : 석탄을 나르는 차.
太 클 **태**		큰 대(大)부, 총 4획　　**6급** 크다는 뜻의 大에 한 점(丶)을 더하여 매우 큼 을 나타낸 것으로, '크다'의 뜻임. ▶ 太古(태고) : 아주 오랜 옛날. ▶ 太半(태반) : 절반을 훨씬 넘긴 수량.
宅 집 **택**		갓머리(宀)부, 총 6획　　**5급** 사람이 몸을 맡기고 의지하는 '집'이라는 뜻 임. ▶ 自宅(자택) : 자기 집. ▶ 住宅(주택) : 사람이 들어가 살 수 있게 지은 건물.
通 통할 **통**		책받침(辶〈辵〉)부, 총 11획　　**6급** 길이 사방으로 갈 수 있게 통해 있다는 뜻임. ▶ 通過(통과) : 통하여 지나감. ▶ 通用(통용) : 일반적으로 쓰임.

한자의 뜻과 음을 생각하며, 순서에 따라 써 보세요.

卓	`丶 卜 卜 占 占 卣 卓 卓`							
높을 **탁**	卓	卓	卓					

炭	`丨 屮 屮 屵 屵 屵 炭 炭`							
숯 **탄**	炭	炭	炭					

太	`一 ナ 大 太`							
클 **태**	太	太	太					

宅	`丶 宀 宀 宀 宅 宅`							
집 **택**	宅	宅	宅					

通	`マ マ マ 甬 甬 甬 甬 甬 涌 涌 通`							
통할 **통**	通	通	通					

제 **17** 장

特

特별할 **특**

소 우(牛)부, 총 10획　　**6급**

옛날에 소를 제물로 많이 사용하여 관청에서 소를 소중히 여겼다는 데서 '특별하다'의 뜻을 나타냄.

▶ 特使(특사) : 특별한 임무를 띤 사절.
▶ 特性(특성) : 그것에만 있는 특수한 성질.

板

널 **판**

나무 목(木)부, 총 8획　　**5급**

나무를 켜서 이리저리 뒤집을 수 있도록 만든 '널조각'이라는 뜻임.

▶ 板本(판본) : 목판으로 인쇄한 책.
▶ 氷板(빙판) : 얼어붙은 길바닥.

敗

패할 **패**

등글월 문(攵〈攴〉)부, 총 11획　　**5급**

물건이 부딪쳐서 깨지거나 못쓰게 된다는 데서 '패하다'의 뜻을 나타냄.

▶ 敗亡(패망) : 싸움에 패하여 망함.
▶ 成敗(성패) : 일이 되고 아니 됨.

表

겉 **표**

옷 의(衣)부, 총 8획　　**6급**

짐승의 가죽이나 털을 가지고 겉옷을 해 입었다는 뜻임.

▶ 表記(표기) : 겉으로 표시하여 기록함.
▶ 表決(표결) : 투표로 결정함.

品

물건 **품**

입 구(口)부, 총 9획　　**5급**

물건을 쌓아 놓은 모양으로, '물건'의 뜻을 나타냄.

▶ 品目(품목) : 물품의 종류를 알리는 이름.
▶ 品行(품행) : 사람의 됨됨이와 몸가짐.

한자의 뜻과 음을 생각하며, 순서에 따라 써 보세요.

特	ノ ト 牛 牛 牛 牜 牛 特 特 特 特						
특별할 **특**	特 特 特						

板	一 十 才 木 木 板 板 板						
널 **판**	板 板 板						

敗	丨 冂 冃 月 目 貝 貝 貯 敗 敗 敗						
패할 **패**	敗 敗 敗						

表	一 二 キ 主 主 丰 耒 表						
겉 **표**	表 表 表						

品	丨 口 口 吕 吕 品 品 品 品						
물건 **품**	品 品 品						

風 바람 풍		바람 풍(風)부, 총 9획　**6급** 벌레들이 공기의 흐름을 이용하여 날아간다는 데서 '바람'의 뜻을 나타냄. ▶ 風速(풍속) : 바람이 부는 속도. ▶ 風害(풍해) : 바람으로 인한 재해.
必 반드시 필		마음 심(心)부, 총 5획　**5급** 삐뚤어진 마음은 반드시 고칠 필요가 있다는 뜻임. ▶ 必勝(필승) : 반드시 이김. ▶ 必然(필연) : 반드시 그렇게 됨.
筆 붓 필		대 죽(竹)부, 총 12획　**5급** 대나무 붓대에 촉을 박은 것이 좋은 붓이라는 뜻임. ▶ 筆記(필기) : 글씨를 씀. ▶ 代筆(대필) : 대신하여 글씨를 씀.
河 물 하		삼수변(氵〈水〉)부, 총 8획　**5급** 물이 옳은 길로 가는 것이 '강물'이라는 뜻임. ▶ 河口(하구) : 강물이 바다로 흘러들어가는 어귀. ▶ 河川(하천) : 강과 내.
寒 찰 한		갓머리(宀)부, 총 12획　**5급** 움집에서 추위에 떨고 있는 모습을 본뜬 글자로, '차다'의 뜻을 나타냄. ▶ 寒氣(한기) : 찬 기운. ▶ 寒冷(한랭) : 기온이 낮고 매우 추움.

한자의 뜻과 음을 생각하며, 순서에 따라 써 보세요.

風 바람 **풍**	) 几 凡 凡 凡 凡 凮 風 風 風 風 風	
必 반드시 **필**	` ソ 必 必 必 必 必 必	
筆 붓 **필**	ノ ト ト ヒ ピ ゲ 竹 竺 竺 笙 笙 筆 筆 筆 筆	
河 물 **하**	` ` 氵 氵 氵 沪 沪 河 河 河 河	
寒 찰 **한**	` ` 宀 宀 宀 宇 审 実 実 実 寒 寒 寒 寒 寒	

 合 합할 **합**		입 구(口)부, 총 6획 　　6급 그릇 뚜껑을 덮은 모양으로, '합하다'의 뜻임. ▶ 合計(합계) : 합쳐 계산함. ▶ 集合(집합) : 사람들이 한 곳으로 모임.
害 해할 **해**		갓머리(宀)부, 총 10획 　　5급 손이나 입을 잘못 놀리면 집에 해가 돌아온다는 뜻임. ▶ 害惡(해악) : 해가 되는 나쁜 일. ▶ 災害(재해) : 재앙으로 인한 피해.
行 다닐 **행**		다닐 행(行)부, 총 6획 　　6급 사람들이 많이 다니는 길거리 모양을 본뜬 글자로, '가다, 다니다'의 뜻을 나타냄. ▶ 行先地(행선지) : 가는 목적지. ▶ 擧行(거행) : 명령에 따라 시행함.
 幸 다행 **행**		방패 간(干)부, 총 8획 　　6급 일찍 죽지 않아 다행이라는 뜻임. ▶ 幸運(행운) : 좋은 운수. ▶ 幸福(행복) : 복된 좋은 운수.
 向 향할 **향**		입 구(口)부, 총 6획 　　6급 북쪽으로 창을 뚫은 집의 모양을 본뜬 글자로, '향하다'의 뜻을 나타냄. ▶ 意向(의향) : 마음이 향하는 바. ▶ 向上(향상) : 수준이 높아짐.

한자의 뜻과 음을 생각하며, 순서에 따라 써 보세요.

合	ノ 人 스 스 合 合		
합할 **합**	合 合 合		

害	丶 宀 宀 宀 宁 宝 宝 害 害		
해할 **해**	害 害 害		

行	丶 丿 彳 彳 行 行		
다닐 **행**	行 行 行		

幸	一 十 土 土 击 击 查 幸		
다행 **행**	幸 幸 幸		

向	丿 亻 门 向 向 向		
향할 **향**	向 向 向		

제 **17** 장

| 許 허락할 허 | 
 | 말씀 언(言)부, 총 11획 **5급**
아침에 부탁한 말이 정오가 되어 허락이 떨어진다는 데서 '허락하다'의 뜻을 나타냄.
▶ 許可(허가) : 어떤 일에 조건을 붙여서 허락하는 일.
▶ 特許(특허) : 특별히 허가함. |

| 現 나타날 현 |  | 구슬 옥(玉)부, 총 11획 **6급**
옥을 다듬어 빛을 볼 수 있도록 한다는 데서 '나타나다'의 뜻을 나타냄.
▶ 現實(현실) : 현재의 형편.
▶ 再現(재현) : 다시 나타남. |

| 形 모양 형 |  | 터럭 삼(彡)부, 총 7획 **6급**
털로 만든 붓으로 형태를 그린다는 데서 '모양, 형상'의 뜻을 나타냄.
▶ 形成(형성) : 어떤 모양을 이룸.
▶ 形體(형체) : 물건의 생김새. |

| 號 이름 호 |  | 범 호(虍)부, 총 13획 **6급**
호랑이의 울음소리처럼 부르짖는다는 데서 '이름'의 뜻을 나타냄.
▶ 番號(번호) : 차례를 나타내는 호수.
▶ 赤信號(적신호) : 위험 신호. |

| 湖 호수 호 |  | 삼수변(氵〈水〉)부, 총 12획 **5급**
넓고 크게 물이 고여 있는 곳이라는 데서 '호수'의 뜻을 나타냄.
▶ 湖水(호수) : 땅이 우묵하게 들어가 물이 괴어 있는 곳.
▶ 湖南(호남) : 전라 남북도를 일컫는 말. |

한자의 뜻과 음을 생각하며, 순서에 따라 써 보세요.

| 許 | 、 ` ー ニ ョ 言 言 言 訂 許 許 |
| 허락할 **허** | 許 許 許 |

| 現 | 一 ニ チ 王 王 珇 玑 珇 玥 珇 現 現 |
| 나타날 **현** | 現 現 現 |

| 形 | 一 ニ チ 开 开' 形 形 |
| 모양 **형** | 形 形 形 |

| 號 | 、 丶 ロ 므 号 号' 凯 號 號 號 號 號 號 |
| 이름 **호** | 號 號 號 |

| 湖 | 、 丶 氵 沽 沽 沽 沽 湖 湖 湖 湖 |
| 호수 **호** | 湖 湖 湖 |

畫
그림 **화**

밭 전(田)부, 총 12획　　　　　6급

붓으로 밭 하나를 그린 것이 '그림'이라는 뜻임.

▶ 畫法(화법) : 그림을 그리는 방법.
▶ 書畫(서화) : 글씨와 그림.

和
화목할 **화**

입 구(口)부, 총 8획　　　　　6급

가을철이 되면 사람도 흐뭇해져 말도 누그러진다는 데서 '화합, 화목하다'의 뜻을 나타냄.

▶ 溫和(온화) : 따뜻하고 부드러움.
▶ 和音(화음) : 소리의 어울림.

化
될·화할 **화**

비수 비(匕)부, 총 4획　　　　　5급

바로 서 있는 사람이 거꾸로 되었으니 변화가 있었다는 뜻임.

▶ 敎化(교화) : 가르쳐서 새 사람이 되게 함.
▶ 化合(화합) : 두 가지 이상의 물질이 변화하여 새 물질이 됨.

患
근심 **환**

마음 심(心)부, 총 11획　　　　　5급

꼬챙이로 심장을 찌른다는 데서 '근심, 병'의 뜻을 나타냄.

▶ 患部(환부) : 병 또는 상처가 난 자리.
▶ 後患(후환) : 뒷날의 근심과 걱정.

黃
누를 **황**

누를 황(黃)부, 총 12획　　　　　6급

밭의 빛깔이 누렇다는 데서 '누렇다'의 뜻을 나타냄.

▶ 黃牛(황우) : 누런 빛깔의 소.
▶ 黃金萬能(황금만능) : 돈만 있으면 모든 일이 뜻대로 될 수 있다는 말.

한자의 뜻과 음을 생각하며, 순서에 따라 써 보세요.

畫 그림 **화**	ㄱ ㄱ ㅋ ㅋ 聿 畫 聿 書 書 書 畫 畫 畫 畫 畫				
和 화목할 **화**	ノ 二 千 手 禾 和 和 和 和 和 和				
化 될·화할 **화**	ノ イ イ 化 化 化 化				
患 근심 **환**	` ㅁ ㅁ ㅁ 吕 吕 串 串 患 患 患 患 患 患				
黃 누를 **황**	一 十 廾 廾 꿈 芇 芇 苗 苗 芇 黃 黃 黃 黃 黃				

會 모을 **회**		가로 왈(日)부, 총 13획　　　　6급 집 창문 밑에서 입을 모아 회의를 하는 모양으로, '모으다'의 뜻을 나타냄. ▶ 會見(회견) : 서로 만나 봄. ▶ 會心(회심) : 마음에 맞음.
效 본받을 **효**		등글월 문(攵〈攴〉)부, 총 10획　　5급 착한 사람과 사귀도록 타일러서 '본받게'한다는 뜻임. ▶ 效果(효과) : 좋은 결과. ▶ 效能(효능) : 효험을 나타내는 능력.
訓 가르칠 **훈**		말씀 언(言)부, 총 10획　　　　6급 냇물이 흘러가듯 말을 잘 하여 훈계로서 가르친다는 뜻임. ▶ 訓練(훈련) : 배우고 익히기 위해 연마하고 단련함. ▶ 訓示(훈시) : 가르쳐 타이름.
凶 흉할 **흉**		위튼입구몸(凵)부, 총 4획　　　5급 함정에 빠지면 몹시 나쁜 결과를 맞게 된다는 데서 '흉하다'의 뜻을 나타냄. ▶ 凶年(흉년) : 농작물이 잘 되지 아니한 해. ▶ 凶計(흉계) : 흉악한 꾀나 계책.
黑 검을 **흑**		검을 흑(黑)부, 총 12획　　　　5급 검은 사마귀가 불에 타는 모양으로, 불에 탄 듯 '검다'는 뜻을 나타냄. ▶ 黑心(흑심) : 부정한 마음. ▶ 黑字(흑자) : 수입이 지출보다 많아서 생기는 이익.

한자의 뜻과 음을 생각하며, 순서에 따라 써 보세요.

會 모을 **회**	ノ 人 ム ム ム 合 侖 侖 侖 侖 會 會 會 會 會 會 會
效 본받을 **효**	` ㅗ ㅜ ㅜ ㅎ 交 刻 效 效 效 效 效 效
訓 가르칠 **훈**	` 一 亠 늘 늘 言 言 訂 訓 訓 訓 訓 訓
凶 흉할 **흉**	ノ メ 凶 凶 凶 凶 凶
黑 검을 **흑**	` 冖 冂 冂 冊 四 愛 里 里 黑 黑 黑 黑 黑 黑

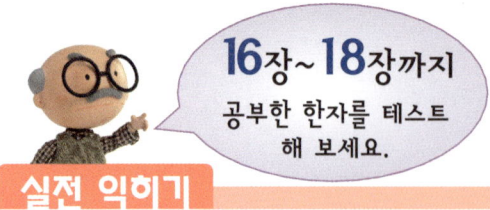

1 다음 漢字語의 讀音을 例에서 찾아 그 번호를 쓰세요.

> 例
> ① 행복 ② 사교 ③ 통과 ④ 해결 ⑤ 책임
> ⑥ 신부 ⑦ 환부 ⑧ 친교 ⑨ 책무 ⑩ 표결

(1) 責任 (   )　　　(2) 親交 (   )　　　(3) 通過 (   )

(4) 表決 (   )　　　(5) 幸福 (   )　　　(6) 患部 (   )

2 다음 漢字의 訓과 音을 쓰세요.

(1) 黑 (   )　　　(2) 畫 (   )

(3) 筆 (   )　　　(4) 炭 (   )

(5) 最 (   )　　　(6) 唱 (   )

3 다음 밑줄 친 漢字語를 漢字로 쓰세요.

(1) 구름 한 점 없는 청명한 가을 날씨이다. (   )

(2) 이번 행사는 이렇다 할 특색이 없다. (   )

(3) 우리 반 급훈은 '정직'이다. (   )

4 다음 뜻을 가진 漢字語를 例에서 찾아 그 번호를 쓰세요.

| 例 | ① 手記 | ② 溫和 | ③ 表記 | ④ 平和 |

(1) 따뜻하고 부드러움. (   )

(2) 겉으로 표시하여 기록함. (   )

5 다음 訓과 音에 맞는 漢字를 쓰세요.

| 例 | 글자 자 ····▶ 字 |

(1) 클 태 ⇨ (   )   (2) 바람 풍 ⇨ (   )

(3) 맑을 청 ⇨ (   )   (4) 누를 황 ⇨ (   )

6 다음 漢字와 뜻이 상대 또는 반대 되는 漢字를 쓰세요.

| 例 | 南 ⇔ 北 |

(1) 他 ⇔ (   )   (2) 合 ⇔ (   )

(3) 凶 ⇔ (   )   (4) 初 ⇔ (   )

 **동 병 상 련**

❖ 같은 병을 앓는 사람이 서로의 처지를 이해한다는 뜻으로, 처지가 같은 사람이 서로 동정하고 돕는 것을 비유해 쓰는 말입니다.

同 病 相 憐

한가지 **동**　　병들 **병**　　서로 **상**　　불쌍할 **련**

오늘부터 우리 학당에서 같이 공부하게 된 이쁜이다.

와! 사람이냐 선녀냐?

청해야, 넌 딴 데 가서 앉아!

어디 앉으면 좋을까?

뭐?

여기요! 제 옆자리가 비었어요.

선생님! 전 언년이 옆에 앉고 싶어요.

그래?

내 옆이 비었는데….

흥!

고사성어 유래

동병상련 (同病相憐)

'동병상련'은 《오월 춘추(吳越春秋)》에 실려 있습니다. 이는 같은 병을 앓는 사람끼리 서로 가엾게 여긴다는 말입니다.

중국 춘추 전국 시대 초나라 사람인 오자서는 역적의 누명을 쓰고 아버지와 형을 잃게 되자, 초나라를 버리고 오나라로 망명하였습니다.

오나라로 간 오자서는 오나라 공자인 광을 도와 왕위에 오르게 했습니다.

이 무렵 초나라 사람 백비가 오자서를 찾아왔습니다. 그 역시 역적의 누명으로 아버지를 잃고 오나라로 망명을 온 사람이었습니다.

오자서는 백비를 왕에게 천거하여 대부라는 벼슬에 오르게 하였습니다. 그러자 대부 벼슬에 있던 피리가 오자서에게 물었습니다.

"당신은 어찌하여 처음 본 사람을 무조건 믿고 나와 같은 벼슬을 주는 것입니까? 나는 오랜 노력 끝에 대부의 벼슬에 올랐습니다."

그러자 오자서는 담담하게 이렇게 말했습니다.

"백비는 나처럼 초나라에서 아버지를 잃었습니다. 처시가 비슷한 사람이 누구보다 이해를 잘 하는 법이지요."

自 · 信 · 滿 · 滿
自 · 信 · 滿 · 滿
自 · 信 · 滿 · 滿
自 · 信 · 滿 · 滿

부 록 ▶▶▶

1 부수의 위치와 명칭

머리 **두**
글자의 위쪽에 있는 부수

- 亠 돼지해머리   - 亡(망할 망), 交(사귈 교), 京(서울 경)
- 宀 갓머리(집 면) - 家(집 가), 安(편안 안), 字(글자 자)
- 艹(艸) 초 두   - 萬(일만 만), 花(꽃 화), 草(풀 초), 苦(괴로울 고)
- 竹(竹) 대 죽   - 答(대답 답), 第(차례 제), 算(셈할 산)
- 雨 비 우   - 電(번개 전), 雪(눈 설), 雲(구름 운)

변
글자의 왼쪽에 있는 부수

- 亻(人) 사람인변 - 住(살 주), 便(편할 편), 休(쉴 휴)
- 冫 이수변   - 冬(겨울 동), 冷(찰 냉), 凍(얼 동)
- 氵(水) 삼수변 - 江(강 강), 洋(큰바다 양), 海(바다 해)
- 木 나무목변   - 校(학교 교), 村(마을 촌), 植(심을 식)
- 彳 두인변   - 役(부릴 역), 往(갈 왕), 後(뒤 후)
- 禾 벼 화   - 秋(가을 추), 私(사사로이할 사), 科(과정 과)
- 言 말씀 언   - 語(말씀 어), 話(말씀·이야기 화), 記(기록할 기)

발
글자의 아래쪽에 있는 부수

- 儿 어진사람인발 - 先(먼저 선), 兄(형 형), 光(빛 광)
- 心 마음심발   - 意(뜻 의), 感(느낄 감)
- 灬(火) 연화발(불 화) - 無(없을 무), 然(그럴 연), 熱(더울 열)
- 皿 그릇 명   - 益(더할 익), 盛(성할 성), 盡(다할 진)

방
글자의 오른쪽에 있는 부수

- 刂(刀) 선칼도방(칼도방) – 利(이로울 리), 列(벌일 렬), 前(앞 전)
- 阝(邑) 우부방(고을읍방) – 郡(고을 군), 都(도읍 도), 邦(나라 방)
- 卩 병부절　　　　　 – 卯(토끼 묘), 印(도장 인), 却(물리칠 각)
- 欠 하품 흠　　　　　 – 次(버금 차), 欲(하고자할 욕), 歌(노래 가)

엄
글자의 위와 왼쪽을 싸고 있는 부수

- 广 엄호(집 엄)　　　 – 度(법도 도), 序(차례 서), 庭(뜰 정)
- 尸 주검시엄(주검 시) – 居(살 거), 屋(집 옥), 局(판 국)

책받침
글자의 왼쪽과 밑을 싸고 있는 부수

- 辶(辵) 책받침(쉬엄쉬엄 갈 착) – 近(가까울 근), 道(길 도)
- 廴 민책받침(길게 걸을 인)　　　 – 建(세울 건), 廷(조정 정), 延(끌 연)

몸 (에운 담)
글자를 에워싸고 있는 부수

- 囗 큰입구몸　　 – 四(넉 사), 國(나라 국), 困(곤할 곤)
- 門 문문몸　　　 – 間(사이 간), 開(열 개), 閑(한가할 한)
- 凵 위튼입구몸　 – 凶(흉할 흉), 出(날 출), 凹(오목할 요)

제부수
한 글자가 그대로 부수인 것

- 車 수레 거·차
- 金 쇠금, 성 김
- 身 몸 신
- 立 설 립
- 馬 말 마

2 필순

한자를 쓰는 차례를 필순이라고 하는데, 이 필순을 제대로 이해하고 있으면 자연스럽게 한자를 써내려 갈 수 있으며, 한자의 구조를 이해하거나 글자를 예쁘게 쓰는 데 큰 도움이 됩니다.

① 위에서 아래로 씁니다.
   예 三(석 삼) : ー ニ 三
   예 王(임금 왕) : ー T 干 王

② 왼쪽에서 오른쪽으로 씁니다.
   예 川(내 천) : ノ 刂 川
   예 外(바깥 외) : ノ ク タ 夘 外

③ 가로획을 먼저 씁니다.
   예 木(나무 목) : ー 十 才 木
   예 土(흙 토) : ー 十 土

④ 가운데를 먼저 씁니다.
   예 山(메 산) : 丨 屮 山
   예 水(물 수) : 亅 氺 水 水

⑤ 몸(바깥 부분)을 먼저 씁니다.
   예 四(넉 사) : 丨 冂 冂 四 四
   예 同(한가지 동) : 丨 冂 冂 同 同 同

⑥ 가운데를 꿰뚫는 획은 나중에 씁니다.
   예 母(어미 모) : ㄴ 𪜋 𪜋 母 母
   예 中(가운데 중) : 丶 冂 口 中

⑦ 점은 맨 나중에 씁니다.
   예 犬(개 견) : ー ナ 大 犬
   예 太(클 태) : ー ナ 大 太

3 획과 명칭

한자는 여러 가지 선과 점으로 이루어져 있는데 이 선과 점을 획이라고 하며, 획을 잘 익혀야 바르고 아름다운 글씨를 쓸 수 있습니다.

획	명칭	획	명칭	획	명칭	획	명칭
丶	꼭지점	亅	왼갈고리	フ	꺾은 갈고리	ノ	삐침
ノ	왼점	丨	오른 갈고리	フ	오른꺾음	フ	꺾어삐침
乀	오른점	乛	평갈고리	乚	왼꺾음	ノ	치킴
一	가로긋기	乚	치킨점	乀	파임	乚	지게다리
丨	세로긋기	乚	세로굽은 갈고리	辶	책받침	乚	새가슴

4 자전 찾는 법

▶ **부수 색인 이용법** : 찾고자 하는 한자의 부수를 가려 내어 부수 색인에서 해당하는 부수가 실린 쪽수를 찾은 다음, 부수를 뺀 나머지 획수를 세어 찾는 방법.

▶ **총획 색인 이용법** : 찾고자 하는 한자의 음이나 부수를 모를 때는 획수를 세어 획수별로 구별해 놓은 총획 색인에서 그 글자를 찾은 다음, 거기에 나와 있는 쪽수를 확인하여 찾는 방법.

▶ **자음 색인 이용법** : 찾고자 하는 글자의 음을 알고 있을 때, 자음 색인에서 그 글자의 쪽수를 확인하여 찾는 방법.

ㄱ	各	角	感	强	開
	각각 각	뿔 각	느낄 감	강할 강	열 개
京	計	界	高	苦	古
서울 경	셀 계	지경 계	높을 고	쓸·괴로울 고	예 고
功	公	共	科	果	光
공 공	공평할·공변될 공	함께 공	과목 과	열매 과	빛 광
交	球	區	郡	近	根
사귈 교	공·구슬 구	구분할·구역 구	고을 군	가까울 근	뿌리 근
今	急	級	ㄷ	多	短
이제 금	급할 급	등급 급		많을 다	짧을 단
堂	待	代	對	圖	度
집 당	기다릴 대	대신할 대	대할 대	그림 도	법도 도
讀	童	頭	等	ㄹ	樂
읽을 독	아이 동	머리 두	무리 등		즐거울 락·노래 악·좋아할 요
例	禮	路	綠	理	李
법식 례	예도 례	길 로	푸를 록	다스릴 리	오얏·성 리
利	ㅁ	明	目	聞	米
이로울 리		밝을 명	눈 목	들을 문	쌀 미

美	ㅂ	朴	班	反	半
아름다울 미		성 박	나눌 반	돌이킬 반	반 반
發	放	番	別	病	服
쏠·필 발	놓을 방	차례 번	다를·나눌 별	병 병	옷 복
本	部	分	ㅅ	社	死
근본 본	나눌·떼 부	나눌 분		모일 사	죽을 사
使	書	石	席	線	雪
하여금·부릴 사	글 서	돌 석	자리 석	줄 선	눈 설
省	成	消	速	孫	樹
살필 성	이룰 성	사라질 소	빠를 속	손자 손	나무 수
術	習	勝	始	式	神
재주 술	익힐 습	이길 승	비로소 시	법 식	귀신 신
身	信	新	失	ㅇ	愛
몸 신	믿을 신	새 신	잃을 실		사랑 애
野	夜	藥	弱	陽	洋
들 야	밤 야	약 약	약할 약	볕 양	큰바다 양
言	業	永	英	溫	勇
말씀 언	일 업	길 영	꽃부리 영	따뜻할 온	날랠 용

用	運	園	遠	油	由
쓸 용	옮길 운	동산 원	멀 원	기름 유	말미암을 유
銀	飮	音	意	衣	醫
은 은	마실 음	소리 음	뜻 의	옷 의	의원 의
ㅈ	者	昨	作	章	在
	놈 자	어제 작	지을 작	글 장	있을 재
才	戰	庭	定	題	第
재주 재	싸울 전	뜰 정	정할 정	제목 제	차례 제
朝	族	晝	注	集	ㅊ
아침 조	겨레 족	낮 주	부을 주	모을 집	
窓	淸	體	親	ㅌ	太
창 창	맑을 청	몸 체	친할 친		클 태
通	特	ㅍ	表	風	ㅎ
통할 통	특별할 특		겉 표	바람 풍	
合	行	幸	向	現	形
합할 합	다닐 행	다행 행	향할 향	나타날 현	모양 형
號	畫	和	黃	會	訓
이름 호	그림 화	화목할 화	누를 황	모을 회	가르칠 훈

6 5급 배정한자 (500자 〈6급 배정한자 + 신습한자 200자〉)

ㄱ	價	加	可	改	客	去	擧
	값 가	더할 가	옳을 가	고칠 개	손 객	갈 거	들 거
件	健	建	格	見	決	結	敬
물건 건	굳셀 건	세울 건	격식 격	볼 견	결정할 결	맺을 결	공경할 경
景	競	輕	告	固	考	曲	課
볕·경치 경	다툴 경	가벼울 경	고할 고	굳을 고	생각할 고	굽을 곡	부과할·과정 과
過	觀	關	廣	橋	具	求	舊
지날 과	볼 관	관계할 관	넓을 광	다리 교	갖출 구	구원할 구	예 구
局	貴	規	給	基	己	技	期
판 국	귀할 귀	법 규	줄 급	터 기	몸 기	재주 기	기약할 기
汽	吉	ㄴ	念	能	ㄷ	團	壇
물끓는김 기	길할 길		생각 념	능할 능		둥글 단	단 단
談	當	德	到	島	都	獨	ㄹ
말씀 담	마땅할 당	큰 덕	이를 도	섬 도	도읍 도	홀로 독	
落	朗	冷	良	量	旅	歷	練
떨어질 락	밝을 랑	찰 랭	어질 량	헤아릴 량	나그네 려	지날 력	익힐 련
令	領	勞	料	流	類	陸	ㅁ
하여금 령	거느릴 령	일할 로	헤아릴 료	흐를 류	무리·비슷할 류	뭍 륙	

馬	末	亡	望	買	賣	無	ㅂ
말 마	끝 말	망할 망	바랄 망	살 매	팔 매	없을 무	
倍	法	變	兵	福	奉	比	費
곱 배	법 법	변할 변	병사 병	복 복	받들 봉	견줄 비	쓸 비
鼻	氷	ㅅ	仕	史	士	寫	思
코 비	얼음 빙		섬길 사	역사 사	선비 사	베낄 사	생각할 사
査	産	商	相	賞	序	仙	善
조사할 사	낳을 산	장사 상	서로 상	상줄 상	차례 서	신선 선	착할 선
船	選	鮮	說	性	歲	洗	束
배 선	가릴·뽑을 선	고울 선	말씀 설, 달랠 세	성품 성	해 세	씻을 세	묶을 속
首	宿	順	示	識	臣	實	ㅇ
머리 수	잘 숙	순할 순	보일 시	알 식	신하 신	열매 실	
兒	惡	案	約	養	漁	魚	億
아이 아	악할 악, 미워할 오	책상 안	약속할·맺을 약	기를 양	고기잡을 어	물고기 어	억 억
熱	葉	屋	完	曜	要	浴	友
더울 열	잎 엽	집 옥	완전할 완	빛날 요	요긴할 요	목욕할 욕	벗 우
牛	雨	雲	雄	元	原	院	願
소 우	비 우	구름 운	수컷 웅	으뜸 원	언덕 원	집 원	원할 원

位	偉	以	耳	因	任	ㅈ	再
자리 위	클·위대할 위	써 이	귀 이	인할 인	맡길 임		두 재
材	災	財	爭	貯	的	赤	傳
재목 재	재앙 재	재물 재	다툴 쟁	쌓을 저	과녁 적	붉을 적	전할 전
典	展	切	節	店	停	情	操
법 전	펼 전	끊을 절, 온통 체	마디 절	가게 점	머무를 정	뜻 정	잡을 조
調	卒	種	終	罪	州	週	止
고를 조	마칠·군사 졸	씨 종	마칠 종	허물 죄	고을 주	주일 주	그칠 지
知	質	大	着	參	唱	責	鐵
알 지	바탕 질		붙을 착	참여할 참	부를 창	꾸짖을 책	쇠 철
初	最	祝	充	致	則	ㅌ	他
처음 초	가장 최	빌 축	채울 충	이를 치	법칙 칙		다를 타
打	卓	炭	宅	ㅍ	板	敗	品
칠 타	높을 탁	숯 탄	집 택		널 판	패할 패	물건 품
必	筆	ㅎ	河	寒	害	許	湖
반드시 필	붓 필		물 하	찰 한	해할 해	허락할 허	호수 호
化	患	效	凶	黑			
될·화할 화	근심 환	본받을 효	흉할 흉	검을 흑			

7 한자능력검정시험 안내

||||| **주　　관** | 사단법인 한국어문회

||||| **시　　행** | 한국한자능력검정회(www.hanja.re.kr)

||||| **시험 일시** | 1년에 2회(5월 셋째 주 토요일, 11월 첫째 주 토요일)

||||| **구　　분** |
- 교육 급수 - 8급~4급 Ⅱ
- 공인 급수 - 4급~1급 (교육인적자원부 공인증서 제2000-1호)

||||| **급수별 합격 기준** | 1급은 출제 문항수의 80% 이상, 2급~8급은 70% 이상 득점하면 합격입니다.

급수별 합격 기준	8급	7급	6급Ⅱ	6급	5급	4급Ⅱ	4급	3급Ⅱ	3급	2급	1급
출제 문항수	50	70	80	90	100	100	100	150	150	150	200
합격 문항수	35	49	56	63	70	70	70	105	105	105	160
시험 시간(분)				50					60		90

||||| **유형별 출제 문항수**
- 상위 급수 한자는 모두 하위 급수 한자를 포함하고 있습니다.
- 쓰기 배정한자는 한두 아래 급수의 읽기 배정한자이거나 그 범위 내에 있습니다.
- 아래의 출제 유형 기준표는 기본 지침 자료로서 출제자의 의도에 따라 약간의 차이가 있을 수 있습니다.

유형별 출제 문항수	8급	7급	6급Ⅱ	6급	5급	4급Ⅱ	4급	3급Ⅱ	3급	2급	1급
읽기 배정한자	50	150	300	300	500	750	1,000	1,400	1,807	2,350	3,500
쓰기 배정한자	0	0	50	150	300	400	500	750	1,000	1,807	2,000
독 음	25	32	32	33	35	35	30	45	45	45	50
훈 음	25	30	30	23	24	22	22	27	27	27	32
장단음	0	0	0	0	0	0	5	5	5	5	10
반의어	0	3	3	4	4	3	3	10	10	10	10
완성형	0	3	3	4	5	5	5	10	10	10	15
부 수	0	0	0	0	0	3	3	5	5	5	10
유의어	0	0	0	2	3	3	3	5	5	5	10
동음이의어	0	0	0	2	3	3	3	5	5	5	10
뜻풀이	0	2	2	2	3	3	3	5	5	5	10
약 자	0	0	0	0	3	3	3	3	3	3	3
한자쓰기	0	0	10	20	20	20	20	30	30	30	40

※ 이 외에 한국한자급수자격평가원 검정시험, 대한민국한자급수자격검정회 검정시험, 한국외국어자격평가원 검정시험 등이 있습니다.

8 뜻이 반대 또는 상대 되는 한자

强 강할 강 ⟷ 弱 약할 약	老 늙을 로 ⟷ 少 젊을 소
去 갈 거 ⟷ 來 올 래	勞 일할 로 ⟷ 使 부릴 사
苦 괴로울 고 ⟷ 樂 즐거울 락	利 이로울 리 ⟷ 害 해할 해
曲 굽을 곡 ⟷ 直 곧을 직	末 끝 말 ⟷ 初 처음 초
近 가까울 근 ⟷ 遠 멀 원	賣 팔 매 ⟷ 買 살 매
吉 길할 길 ⟷ 凶 흉할 흉	問 물을 문 ⟷ 答 대답할 답
男 사내 남 ⟷ 女 계집 녀	發 필 발 ⟷ 着 붙을 착
南 남녘 남 ⟷ 北 북녘 북	父 아비 부 ⟷ 母 어미 모
內 안 내 ⟷ 外 바깥 외	死 죽을 사 ⟷ 活 살 활
當 마땅할 당 ⟷ 落 떨어질 락	山 메 산 ⟷ 江 깅 강
大 큰 대 ⟷ 小 작을 소	⟷ 川 내 천
冬 겨울 동 ⟷ 夏 여름 하	上 위 상 ⟷ 下 아래 하
東 동녘 동 ⟷ 西 서녘 서	先 먼저 선 ⟷ 後 뒤 후

善 착할 선 ⟷ 惡 악할 악

成 이룰 성 ⟷ 敗 패할 패

水 물 수 ⟷ 火 불 화

手 손 수 ⟷ 足 발 족

勝 이길 승 ⟷ 敗 패할 패

始 처음 시 ⟷ 末 끝 말,
　　　　　　　終 마칠 종

新 새 신 ⟷ 舊 예 구

心 마음 심 ⟷ 身 몸 신

言 말씀 언 ⟷ 行 다닐 행

王 임금 왕 ⟷ 民 백성 민

有 있을 유 ⟷ 無 없을 무

日 날 일 ⟷ 月 달 월

自 스스로 자 ⟷ 他 다를 타

長 긴 장 ⟷ 短 짧을 단

前 앞 전 ⟷ 後 뒤 후

左 왼 좌 ⟷ 右 오른 우

朝 아침 조 ⟷ 夕 저녁 석

主 주인 주 ⟷ 客 손 객

晝 낮 주 ⟷ 夜 밤 야

天 하늘 천 ⟷ 地 땅 지

春 봄 춘 ⟷ 秋 가을 추

學 배울 학 ⟷ 敎 가르칠 교

兄 형 형 ⟷ 弟 아우 제

黑 검을 흑 ⟷ 白 흰 백

획수를 줄여 단순화한 한자

한자	훈과 음	약자	한자	훈과 음	약자
價	값 가	価	萬	일만 만	万
擧	들 거	挙	賣	팔 매	売
輕	가벼울 경	軽	發	필 발	発
關	관계할 관	関	寫	베낄 사	写
觀	볼 관	規	數	셈할 수	数
廣	넓을 광	広	實	열매 실	実
舊	예 구	旧	兒	아이 아	児
區	구분할 구	区	惡	악할 악	悪
國	나라 국	国	醫	의원 의	医
氣	기운 기	気	爭	다툴 쟁	争
團	둥글 단	団	傳	전할 전	伝
當	마땅할 당	当	戰	싸울 전	战
對	대할 대	対	參	참여할 참	参
圖	그림 도	図	鐵	쇠 철	鉄
獨	홀로 독	独	體	몸 체	体
讀	읽을 독	読	學	배울 학	学
樂	즐거울 락	楽	號	이름 호	号
來	올 래	来	畫	그림 화	画
禮	예도 례	礼	會	모을 회	会

- 見物生心 (견물생심) : 실물을 보면 소유하고 싶은 마음이 생김.

- 決死反對 (결사반대) : 죽기를 각오하고 있는 힘을 다하여 반대함.

- 敬老孝親 (경로효친) : 어른을 공경하고 부모에게 효도함.

- 敬天愛人 (경천애인) : 하늘을 숭배하고 인간을 사랑함.

- 公明正大 (공명정대) : 공평하고 조금도 사사로움이 없이 바름.

- 交友以信 (교우이신) : 믿음으로써 벗을 사귐.

- 九死一生 (구사일생) : 죽을 고비를 여러 번 넘기고 겨우 살아남음.

- 今始初聞 (금시초문) : 바로 지금 처음으로 들음.

- 落花流水 (낙화유수) : 떨어지는 꽃과 흐르는 물이라는 뜻으로, 가는 봄의 경치를 나타낸 말.

- 男女老少 (남녀노소) : 남자와 여자, 늙은이와 젊은이란 뜻으로, 모든 사람을 나타낸 말.

- 能大能小 (능대능소) : 큰 일이나 작은 일이나 모두 잘 함.

- 多才多能 (다재다능) : 재주와 능력이 여러 가지로 많음.

- 多情多感 (다정다감) : 생각과 느낌이 많음. 정이 많고 감정이 풍부함.

- 大道無門 (대도무문) : 사람이 올바른 길을 가는 데에는 문이 있을 수 없다는 말.

- 大同團結 (대동단결) : 하나의 목적을 이루기 위해 여러 집단이나 사람이 크게 한 덩어리로 뭉침.

- 大明天地 (대명천지) : 아주 환하게 밝은 세상.

- 同苦同樂 (동고동락) : 괴로움과 즐거움을 함께 함.

- 東問西答 (동문서답) : 물음과는 전혀 상관없는 엉뚱한 대답을 함.

- 東西古今 (동서고금) : 동양과 서양, 옛날과 지금을 통틀어 이르는 말.

- 馬耳東風 (마이동풍) : 남의 말을 귀담아 듣지 않고 지나쳐 흘려버림.

- 萬古不變 (만고불변) : 오랜 세월이 흘러도 변하지 않음.

- 聞一知十 (문일지십) : 하나를 듣고 열 가지를 미루어 안다는 뜻으로, 지극히 총명함을 이르는 말.

- 門前成市 (문전성시) : 찾아오는 손님이 많음을 나타낸 말.

- 美風良俗 (미풍양속) : 아름답고 좋은 풍속.

- 百年大計 (백년대계) : 먼 앞날까지 미리 내다보고 세우는 크고 중요한 계획.

- 百年河淸 (백년하청) : 황하강의 물이 맑아지기를 기다린다는 뜻으로, 아무리 오랜 세월이 흘러도 해결될 가망이 없음을 나타낸 말.

- 白面書生 (백면서생) : 글만 읽고 세상 일에 전혀 경험이 없어 모든 물정에 어두운 사람.

- 百發百中 (백발백중) : 백 번을 쏘아 백 번을 모두 명중함.

- 白衣民族 (백의민족) : 옛부터 흰옷을 숭상하여 온 한국 민족을 일컫는 말.

- 父子有親 (부자유친) : 아버지와 아들 사이의 도리는 친애에 있음.

- 父傳子傳 (부전자전) : 아버지가 아들에게 대대로 전한다는 뜻으로, 아들의 버릇이나 습관이 아버지와 비슷할 때 하는 말.

- 不問可知 (불문가지) : 묻지 않아도 알 수 있음.

- 不問曲直 (불문곡직) : 옳고 그른 것을 따지지 않음.
- 不要不急 (불요불급) : 꼭 필요하거나 급하지 않음.
- 不遠千里 (불원천리) : 천 리를 멀다 하지 아니하고 찾아옴.
- 氷山一角 (빙산일각) : 아주 많은 것 중에 조그마한 부분.
- 事親以孝 (사친이효) : 어버이를 효도로 섬기라는 말.
- 四海兄弟 (사해형제) : 온 천하의 모든 사람이 모두 다 형제와 같다는 말.
- 山戰水戰 (산전수전) : 세상의 온갖 고생과 어려움을 다 겪었음을 이르는 말.
- 三位一體 (삼위일체) : 세 가지의 것이 하나의 목적을 위해 통합되는 일.
- 三寒四溫 (삼한사온) : 3일은 춥다가 4일 가량은 따뜻한 기후 현상.
- 生老病死 (생로병사) : 인생이 겪는 네 가지 고통으로, 사람이 나고 늙고 병들고 죽는 일.
- 生面不知 (생면부지) : 서로 한 번도 만난 적이 없어서 전혀 알지 못하는 사람.
- 善男善女 (선남선녀) : 성품이 착하고 선량한 남녀.
- 身土不二 (신토불이) : 우리 몸에는 우리 땅에서 생산된 농산물이 좋다는 말.
- 語不成說 (어불성설) : 말이 조금도 이치에 맞지 아니함.
- 樂山樂水 (요산요수) : 산과 물을 좋아함. 자연을 아끼고 사랑함.
- 有口無言 (유구무언) : 변명힐 밀이 없거나 변명을 못 함을 이르는 말.
- 有名無實 (유명무실) : 이름만 그럴듯하고 실속은 없음.

- 以實直告 (이실직고) : 사실 그대로 고함.
- 以心傳心 (이심전심) : 마음과 마음으로 서로 뜻이 통함.
- 一日三省 (일일삼성) : 하루에 세 번 자신을 성찰해 본다는 말.
- 人命在天 (인명재천) : 사람이 살고 죽는 것이 모두 하늘의 뜻에 달려 있음.
- 人山人海 (인산인해) : 사람이 헤아릴 수 없을 만큼 많이 모임.
- 自手成家 (자수성가) : 물려받은 재산이 없이 자기의 힘으로 살림을 이룩함.
- 作心三日 (작심삼일) : 결심이 사흘을 가지 못한다는 뜻으로, 결심이 굳지 못함.
- 電光石火 (전광석화) : 매우 짧은 시간이나 신속한 동작을 이르는 말.
- 朝變夕改 (조변석개) : 아침 저녁으로 고친다는 뜻으로, 세운 계획을 자주 바꾼다는 말.
- 千萬多幸 (천만다행) : 매우 다행함.
- 天災地變 (천재지변) : 지진, 홍수, 태풍 등 자연에 의한 재앙.
- 靑天白日 (청천백일) : 맑은 하늘에 벼락이라는 뜻으로, 뜻밖에 일어난 큰 변동.
- 草綠同色 (초록동색) : 풀빛과 녹색은 같은 빛깔이라는 뜻으로, 같은 처지나 같은 부류의 사람들끼리 이울린다는 밀.
- 秋風落葉 (추풍낙엽) : 가을 바람에 흩어져 떨어지는 낙엽처럼 세력이나 형세가 갑자기 기우는 것을 나타낸 말.
- 八方美人 (팔방미인) : 아름다운 미인이란 뜻으로, 무슨 일에도 능통한 사람을 말함.
- 敗家亡身 (패가망신) : 집안의 재산을 다 써 없애고 몸을 망침.
- 凶惡無道 (흉악무도) : 성질이 거칠고 사나우며 도의심이 없음.

1 다음 漢字語의 讀音을 쓰세요. (1~32)

例	漢字 ···▶ 한자

(1) 家長 (   )　　(2) 窓門 (   )　　(3) 植木 (   )

(4) 各界 (   )　　(5) 開花 (   )　　(6) 上京 (   )

(7) 日記 (   )　　(8) 出發 (   )　　(9) 成果 (   )

(10) 交代 (   )　　(11) 區別 (   )　　(12) 多數 (   )

(13) 等級 (   )　　(14) 音樂 (   )　　(15) 本部 (   )

(16) 東洋 (   )　　(17) 消火 (   )　　(18) 正答 (   )

(19) 成功 (   )　　(20) 新聞 (   )　　(21) 勝利 (   )

(22) 身體 (   )　　(23) 讀書 (   )　　(24) 禮式 (   )

(25) 農樂 (   )　　(26) 作業 (   )　　(27) 衣服 (   )

(28) 速度 (   )　　(29) 光明 (   )　　(30) 野外 (   )

(31) 草木 (   )　　(32) 敎訓 (   )

2 다음 漢字의 訓과 音을 쓰세요. (33~62)

例	字 ···▶ 글자 자

(33) 然 (   )　　(34) 登 (   )　　(35) 育 (   )

(36) 休 (   )　　(37) 姓 (   )　　(38) 活 (   )

(39) 感 (   )　　(40) 班 (   )　　(41) 習 (   )

(42) 歌 (   )　　(43) 頭 (   )　　(44) 堂 (   )

(45) 溫 (   )　　(46) 紙 (   )　　(47) 第 (   )

(48) 形 (   )　　(49) 注 (   )　　(50) 族 (   )

(51) 每 (   )　　(52) 世 (   )　　(53) 間 (   )

(54) 勇 (   )　　(55) 番 (   )　　(56) 黃 (   )

(57) 孫 (   )　　(58) 待 (   )　　(59) 角 (   )

(60) 綠 (   )　　(61) 計 (   )　　(62) 愛 (   )

3 다음 밑줄 친 漢字語를 漢字로 쓰세요. (63~72)

例	한자 ···▸ 漢字

(63) <u>청년</u>기는 일반적으로 고등 학교 다닐 무렵부터 20대 시기를 말한다. (   )

(64) <u>부모</u>님께서 1주일 간의 여정으로 여행을 떠나셨다.
(   )

(65) 우리 나라의 이름은 <u>대한민국</u>이다. (   )

(66) <u>교실</u>에 벌이 한 마리 날아 들어왔다. (   )

(67) 우리 <u>학교</u>는 특기 적성 교육 시범 학교이다. (   )

(68) 고등 학교에 다니는 <u>형</u>이 있다. (   )

(69) 8월 <u>15일</u>은 광복절이다. (   )

(70) 나의 삼촌은 <u>신문</u> 기자이다. (   )

(71) 그녀는 <u>장녀</u>이다. (   )

(72) <u>동대문</u>에는 큰 시장이 있다. (   )

4 뜻이 서로 반대 되는 漢字를 例에서 골라 그 번호를 쓰세요. (73~75)

例　　①母　②今　③弟　④孫　⑤合

(73) 祖 (　　　　) 　　　(74) 分 (　　　　) 　　　(75) 父 (　　　　)

5 다음 漢字語의 뜻을 쓰세요. (76~77)

(76) 注意 : (　　　　　　　　　　　　)
(77) 根本 : (　　　　　　　　　　　　)

6 다음 (　) 안에 들어갈 漢字를 例에서 골라 그 번호를 쓰세요. (78~80)

例　　①中　②平　③特　④心　⑤重　⑥正　⑦姓

(78) (　)요한 내용이 무엇인지 생각하며 읽어야 한다. (　　　　)
(79) 우리 가족은 (　)별 활동 전시장을 둘러보았다. (　　　　)
(80) 조선 시대 백(　)들은 주로 농사를 지었다. (　　　　)

1 다음 漢字語의 讀音을 쓰세요. (1~33)

例	漢字 ···▶ 한자

(1) 百姓 (   )　　(2) 成功 (   )　　(3) 强力 (   )

(4) 長身 (   )　　(5) 社會 (   )　　(6) 午前 (   )

(7) 術語 (   )　　(8) 家庭 (   )　　(9) 便紙 (   )

(10) 道路 (   )　　(11) 分別 (   )　　(12) 同意 (   )

(13) 反動 (   )　　(14) 半農 (   )　　(15) 四時圖 (   )

(16) 山間 (   )　　(17) 上部 (   )　　(18) 生病 (   )

(19) 書記 (   )　　(20) 學級 (   )　　(21) 石工 (   )

(22) 先金 (   )　　(23) 雪中 (   )　　(24) 世界 (   )

(25) 所聞 (   )　　(26) 小食 (   )　　(27) 今後 (   )

(28) 有線 (   )　　(29) 外科 (   )　　(30) 集合 (   )

(31) 平和 (   )　　(32) 方向 (   )　　(33) 出席 (   )

2 다음 漢字의 訓과 音을 쓰세요. (34~58)

例	字 ···▶ 글자 자

(34) 洞 (   )　　(35) 共 (   )　　(36) 童 (   )

(37) 孝 (   )　　(38) 放 (   )　　(39) 始 (   )

(40) 永 (   )　　(41) 明 (   )　　(42) 室 (   )

(43) 夜 (   )　　(44) 號 (   )　　(45) 太 (   )

(46) 朝 (   )　　(47) 省 (   )　　(48) 場 (   )

(49) 藥 (   )   (50) 球 (   )   (51) 高 (   )

(52) 題 (   )   (53) 親 (   )   (54) 風 (   )

(55) 各 (   )   (56) 樹 (   )   (57) 例 (   )

(58) 京 (   )

3 다음 밑줄 친 漢字語를 漢字로 쓰세요. (59~78)

例   한자 ┅▶ 漢字

(59) 약속 <u>시간</u>을 지키는 것은 중요하다. (   )

(60) <u>동구</u> 밖 과수원 길. (   )

(61) 어제는 <u>해상</u> 시위가 있었다. (   )

(62) 나는 <u>매일</u> 아침 운동을 한다. (   )

(63) 그것은 매우 <u>중대</u>한 사안이다. (   )

(64) 그는 항상 <u>생기</u>에 넘쳐 있다. (   )

(65) <u>부모</u>님께서 어제 여행을 떠나셨다. (   )

(66) 전화는 <u>용건</u>만 간단히. (   )

(67) 내일 <u>오후</u>에 큰아버지 댁을 방문한다. (   )

(68) <u>동서</u>고금을 통하여 전무후무한 대사건. (   )

(69) 유식한 체하며 <u>문자</u>를 썼다. (   )

(70) 오늘은 방학이 끝나고 첫 <u>등교</u>하는 날이다. (   )

(71) <u>공군</u>은 우리의 영공을 지키는 군대이다. (   )

(72) 한국 문학의 새로운 <u>지평</u>을 열었다. (   )

(73) <u>휴일</u>날 많은 사람들이 산을 오른다. (   )

(74) 교사가 아동들을 <u>교육</u>한다. (   )

(75) 우리 학교 <u>교문</u>은 항상 열려 있다. (   )

(76) 우리 집 <u>주소</u>를 잘못 기록했다. (   )

(77) 자연을 벗삼아 하루를 즐겼다. (　　　　　)

(78) 식목일에 우리는 나무를 심었다. (　　　　　)

4 다음 漢字의 反對 또는 相對 되는 漢字를 골라 그 번호를 쓰세요. (79~82)

(79) 朝 : ① 午 ② 夕 ③ 多 ④ 晝　(　　　)

(80) 老 : ① 大 ② 小 ③ 弱 ④ 少　(　　　)

(81) 夏 : ① 春 ② 秋 ③ 冬 ④ 夜　(　　　)

(82) 古 : ① 今 ② 代 ③ 每 ④ 新　(　　　)

5 다음 漢字와 뜻이 비슷한 漢字를 골라 그 번호를 쓰세요. (83~84)

(83) 分 : ① 半 ② 別 ③ 明 ④ 合　(　　　)

(84) 文 : ① 歌 ② 意 ③ 章 ④ 言　(　　　)

6 다음 (　) 안에 들어갈 漢字를 例에서 골라 그 번호를 써서 漢字語를 만드세요. (85~86)

例　① 問 ② 門 ③ 植 ④ 始 ⑤ 市 ⑥ 家

(85) 公開(　　　)場　　　　(86) (　　　)前成市

7 다음 漢字語의 뜻을 쓰세요. (87~90)

(87) 內外 : (　　　　　　　　　　　　)

(88) 大洋 : (　　　　　　　　　　　　)

(89) 靑天 : (　　　　　　　　　　　　)

(90) 休學 : (　　　　　　　　　　　　)

1 다음 漢字語의 讀音을 쓰세요. (1~35)

例	讀音 ┅▶ 독음

(1) 可決 (   )   (2) 商術 (   )   (3) 變化 (   )

(4) 重要 (   )   (5) 效果 (   )   (6) 案內 (   )

(7) 客觀 (   )   (8) 順序 (   )   (9) 着席 (   )

(10) 節約 (   )   (11) 萬歲 (   )   (12) 法則 (   )

(13) 浴室 (   )   (14) 格式 (   )   (15) 競爭 (   )

(16) 患者 (   )   (17) 奉仕 (   )   (18) 參考 (   )

(19) 選擧 (   )   (20) 生産 (   )   (21) 首都 (   )

(22) 材料 (   )   (23) 感情 (   )   (24) 停止 (   )

(25) 練習 (   )   (26) 始終 (   )   (27) 月給 (   )

(28) 明朗 (   )   (29) 氷河 (   )   (30) 質量 (   )

(31) 廣野 (   )   (32) 知識 (   )   (33) 操作 (   )

(34) 植物 (   )   (35) 原因 (   )

2 다음 漢字의 訓과 音을 쓰세요. (36~59)

例	字 ┅▶ 글자 자

(36) 價 (   )   (37) 輕 (   )   (38) 寫 (   )

(39) 技 (   )   (40) 兵 (   )   (41) 建 (   )

(42) 題 (   )   (43) 歷 (   )   (44) 充 (   )

(45) 貴 (   )   (46) 勇 (   )   (47) 陸 (   )

(48) 貯 (   )　　(49) 敗 (   )　　(50) 效 (   )

(51) 致 (   )　　(52) 類 (   )　　(53) 敬 (   )

(54) 責 (   )　　(55) 打 (   )　　(56) 魚 (   )

(57) 卓 (   )　　(58) 願 (   )　　(59) 團 (   )

3 다음 밑줄 친 漢字語를 漢字로 쓰세요. (60~74)

例	한자 ···▶ 漢字

(60) 실패는 성공의 어머니입니다. (   )

(61) 강가에 있는 마을을 강촌이라고 합니다. (   )

(62) 교통 신호를 잘 지켜야 합니다. (   )

(63) 그의 의견에 반대하는 사람이 많았습니다. (   )

(64) 선생님께서 교문 앞에서 기다리고 계십니다. (   )

(65) 우리 형은 회사에 다닙니다. (   )

(66) 정원에는 예쁜 꽃과 나무가 심어져 있습니다. (   )

(67) 영어 과목은 참 재미있습니다. (   )

(68) 휴지는 반드시 휴지통에 버립니다. (   )

(69) 저녁에는 그 날 하루를 꼭 반성해 봅니다. (   )

(70) 겨울에는 차가운 북서풍이 불어 옵니다. (   )

(71) 우리 나라 산천은 참 아름답습니다. (   )

(72) 매주 일요일에 우리 가족은 회의를 가집니다. (   )

(73) 우리 문화 유산을 후손에게 물려줍시다. (   )

(74) 옆집 아저씨는 노모를 모시고 삽니다. (   )

4 다음 訓과 음에 맞는 漢字를 쓰세요. (75~79)

例	글자 자 ···▶ 字

(75) 다행 행 (　　　)　　　(76) 모을 집 (　　　)

(77) 나눌 반 (　　　)　　　(78) 마실 음 (　　　)

(79) 이름 호 (　　　)

5 다음 漢字와 뜻이 상대 또는 반대 되는 漢字를 쓰세요. (80~83)

例	男 ⇔ 女

(80) 曲 ⇔ (　　　)　　　(81) 分 ⇔ (　　　)

(82) 輕 ⇔ (　　　)　　　(83) (　　　) ⇔ 客

6 다음 (　) 안에 들어갈 漢字를 例에서 골라 그 번호를 쓰세요.
(84~88)

例	① 省　② 淸　③ 典　④ 傳　⑤ 度
	⑥ 成　⑦ 今　⑧ 靑　⑨ 道　⑩ 電

(84) 自手(　　　)家　　　(85) (　　　)時初聞

(86) 以心(　　　)心　　　(87) 家(　　　)用品

(88) 百年河(　　　)

7 다음 漢字와 뜻이 같거나 비슷한 漢字를 골라 그 번호를 쓰세요. (89~91)

(89) 念 : ① 思 ② 告 ③ 領 ④ 心   (   )

(90) 談 : ① 識 ② 記 ③ 話 ④ 謂   (   )

(91) 始 : ① 終 ② 作 ③ 發 ④ 初   (   )

8 다음 漢字와 음이 같은 漢字를 골라 그 번호를 쓰세요. (92~94)

(92) 件 : ① 牛 ② 赤 ③ 建 ④ 去   (   )

(93) 孝 : ① 字 ② 效 ③ 老 ④ 救   (   )

(94) 新 : ① 信 ② 親 ③ 林 ④ 仕   (   )

9 다음 漢字語의 뜻을 쓰세요. (95~97)

(95) 耳目 : (   )

(96) 養育 : (   )

(97) 草根 : (   )

10 다음 漢字의 약자(획수를 줄인 漢字)를 쓰세요. (98~100)

例	學 ⇨ 学

(98) 對 ⇨ (   )   (99) 發 ⇨ (   )

(100) 體 ⇨ (   )

14 6급 Ⅱ 기출문제 (第20回 漢字能力檢定試驗 2002.5.11)

1 다음 한자어의 讀音을 쓰시오. (1~32)

例	世上 ⋯▶ 세상

(1) 植木 (   )   (2) 正答 (   )   (3) 家長 (   )

(4) 光明 (   )   (5) 交通 (   )   (6) 讀書 (   )

(7) 反對 (   )   (8) 天使 (   )   (9) 速度 (   )

(10) 出發 (   )   (11) 勝利 (   )   (12) 區別 (   )

(13) 電氣 (   )   (14) 日記 (   )   (15) 手術 (   )

(16) 東洋 (   )   (17) 作業 (   )   (18) 衣服 (   )

(19) 野外 (   )   (20) 新聞 (   )   (21) 形式 (   )

(22) 農藥 (   )   (23) 路線 (   )   (24) 身體 (   )

(25) 急行 (   )   (26) 失言 (   )   (27) 本部 (   )

(28) 感動 (   )   (29) 花草 (   )   (30) 特級 (   )

(31) 同窓會 (   )   (32) 永遠 (   )

2 다음 漢字의 訓과 音을 쓰세요. (33~62)

例	問 ⋯▶ 물을 문

(33) 林 (   )   (34) 育 (   )   (35) 綠 (   )

(36) 紙 (   )   (37) 安 (   )   (38) 命 (   )

(39) 方 (   )   (40) 住 (   )   (41) 活 (   )

(42) 愛 (　　　　) (43) 畫 (　　　　) (44) 禮 (　　　　)

(45) 庭 (　　　　) (46) 果 (　　　　) (47) 李 (　　　　)

(48) 向 (　　　　) (49) 然 (　　　　) (50) 每 (　　　　)

(51) 圖 (　　　　) (52) 待 (　　　　) (53) 計 (　　　　)

(54) 角 (　　　　) (55) 番 (　　　　) (56) 淸 (　　　　)

(57) 飮 (　　　　) (58) 直 (　　　　) (59) 定 (　　　　)

(60) 事 (　　　　) (61) 米 (　　　　) (62) 勇 (　　　　)

3 다음 __ 줄 그은 단어를 한자로 쓰세요. (63~72)

(63) 목이 말라 상점에서 생수를 샀다. (　　　　　　)

(64) 교실에 나비가 한 마리 날아 들어왔다. (　　　　　　)

(65) 유럽 사람들은 백인이 대부분이다. (　　　　　　)

(66) 필리핀에서는 작년에 화산이 폭발했다. (　　　　　　)

(67) 형이 동생에게 공부를 가르친다. (　　　　　　)

(68) 나는 내년에 중학교에 간다. (　　　　　　)

(69) 그녀는 여군에 지원했다. (　　　　　　)

(70) 겨울에는 주로 북서쪽에서 바람이 분다. (　　　　　　)

(71) 청년들은 국가의 미래를 위해 열심히 노력해야 한다.
　　　(　　　　　　)

(72) 남대문 옆에는 큰 시장이 있다. (　　　　　　)

4 뜻이 서로 반대 되는 漢字를 例에서 골라 그 번호를 쓰세요. (73~75)

例 ① 父 ② 今 ③ 祖 ④ 分 ⑤ 弟

(73) 合 ⇔ (   )　　　(74) 母 ⇔ (   )

(75) 孫 ⇔ (   )

5 다음 漢字語에 알맞은 뜻을 쓰세요. (76~77)

(76) 幸運 : (   )

(77) 成功 : (   )

6 다음 빈 칸에 들어갈 漢字를 例에서 골라 그 번호를 쓰세요. (78~80)

例 ① 黃 ② 川 ③ 漢 ④ 姓 ⑤ 平 ⑥ 才 ⑦ 道

(78) (   )강은 서울을 가로질러 흐른다.

(79) 부모에게 효(   )하면 복이 들어온다.

(80) 조선 시대 백(   )들은 주로 농사를 지었다.

15

6급 기출문제 (第18回 漢字能力檢定試驗 2001.5.19)

1 다음 漢字語의 讀音을 쓰세요. (1~33)

例	漢字 ···▶ 한자

(1) 家庭 (　　　)　　(2) 公式 (　　　)　　(3) 部分 (　　　)

(4) 同意 (　　　)　　(5) 衣服 (　　　)　　(6) 民間 (　　　)

(7) 發光 (　　　)　　(8) 長短 (　　　)　　(9) 名畫 (　　　)

(10) 有線 (　　　)　　(11) 對外 (　　　)　　(12) 感動 (　　　)

(13) 强直 (　　　)　　(14) 術語 (　　　)　　(15) 安定 (　　　)

(16) 根本 (　　　)　　(17) 別世 (　　　)　　(18) 道路 (　　　)

(19) 內科 (　　　)　　(20) 今後 (　　　)　　(21) 火急 (　　　)

(22) 敎室 (　　　)　　(23) 信者 (　　　)　　(24) 先親 (　　　)

(25) 速度 (　　　)　　(26) 大洋 (　　　)　　(27) 晝夜 (　　　)

(28) 交代 (　　　)　　(29) 出席 (　　　)　　(30) 反省 (　　　)

(31) 讀書 (　　　)　　(32) 成形 (　　　)　　(33) 藥草 (　　　)

2 다음 漢字의 訓과 音을 쓰세요. (34~58)

例	字 ···▶ 글자 자

(34) 京 (　　　)　　(35) 共 (　　　)　　(36) 待 (　　　)

(37) 始 (　　　)　　(38) 幸 (　　　)　　(39) 各 (　　　)

(40) 界 (　　　)　　(41) 圖 (　　　)　　(42) 樹 (　　　)

(43) 夏 (　　　)　　(44) 開 (　　　)　　(45) 高 (　　　)

(46) 命 (　　　)　　(47) 題 (　　　)　　(48) 村 (　　　)

(49) 角 (   )   (50) 南 (   )   (51) 米 (   )

(52) 和 (   )   (53) 集 (   )   (54) 古 (   )

(55) 郡 (   )   (56) 勝 (   )   (57) 黃 (   )

(58) 注 (   )

3 다음 밑줄 친 漢字語를 漢字로 쓰세요. (59~78)

| 例 | 한자 ⋯ 漢字 |

(59) 강상(강 위)에 아지랑이가 피고 있다. (   )

(60) 얼굴에 생기가 돈다. (   )

(61) 공장에서는 많은 물건을 만들어 낸다. (   )

(62) 남녀의 차별이 있어서는 안 된다. (   )

(63) 일하는 농부의 땀방울. (   )

(64) 동구 앞에 서 있는 느티나무. (   )

(65) 영수는 걸어서 등교한다. (   )

(66) 동서로 길게 뻗어 있는 간선도로. (   )

(67) 천만 뜻밖의 일이 생겼다. (   )

(68) 매일 도서관에서 공부한다. (   )

(69) 이웃 사랑 모임이 내일 오전에 있다. (   )

(70) 지방의 작은 도시에서 태어났다. (   )

(71) 산수는 기초적인 셈법을 말한다. (   )

(72) 식목일에 나무를 심는다. (   )

(73) 전화를 친절히 받읍시다. (   )

(74) 성적표가 집 주소로 배달되었다. (   )

(75) 형제들이 다 모였다. (   )

(76) 영수가 해군에 입대했다. (   )

(77) 오늘 오후에는 자연 학습시간이 있다. (   )

(78) 청천(푸른 하늘)에 별 하나 떠 있다. (   )

4 다음 漢字의 反對 또는 相對 되는 漢字를 골라 그 번호를 쓰세요. (79~82)

(79) 老 : ① 少 ② 小 ③ 大 ④ 中   (   )

(80) 問 : ① 開 ② 答 ③ 門 ④ 失   (   )

(81) 手 : ① 孫 ② 夕 ③ 足 ④ 族   (   )

(82) 春 : ① 夏 ② 秋 ③ 冬 ④ 朝   (   )

5 다음 漢字와 뜻이 비슷한 漢字를 골라 그 번호를 쓰세요. (83~84)

(83) 文 : ① 圖 ② 章 ③ 歌 ④ 意   (   )

(84) 永 : ① 遠 ② 直 ③ 心 ④ 區   (   )

6 다음 (   ) 안에 들어갈 漢字를 例 에서 골라 그 번호를 써서 漢字語를 만드세요. (85~86)

| 例 | ① 死 ② 川 ③ 陽 ④ 事 ⑤ 立 ⑥ 世 |

(85) 年中行(   )   (86) 九(   )一生

7 다음 漢字語의 뜻을 쓰세요. (87~90)

(87) 左右 : (   )

(88) 休學 : (   )

(89) 飮食 : (   )

(90) 白紙 : (   )

1 다음 漢字語의 讀音을 쓰세요. (1~35)

例	讀音 ····▶ 독음

(1) 效果 (　　　)　　(2) 凶計 (　　　)　　(3) 結社 (　　　)

(4) 黑白 (　　　)　　(5) 漁具 (　　　)　　(6) 萬歲 (　　　)

(7) 相通 (　　　)　　(8) 熱望 (　　　)　　(9) 獨島 (　　　)

(10) 變化 (　　　)　　(11) 奉唱 (　　　)　　(12) 選擧 (　　　)

(13) 植種 (　　　)　　(14) 浴室 (　　　)　　(15) 藥物 (　　　)

(16) 氷炭 (　　　)　　(17) 必要 (　　　)　　(18) 廣野 (　　　)

(19) 到着 (　　　)　　(20) 財團 (　　　)　　(21) 順序 (　　　)

(22) 質量 (　　　)　　(23) 材料 (　　　)　　(24) 病院 (　　　)

(25) 節約 (　　　)　　(26) 前週 (　　　)　　(27) 卓見 (　　　)

(28) 鐵窓 (　　　)　　(29) 寒害 (　　　)　　(30) 筆法 (　　　)

(31) 感情 (　　　)　　(32) 停止 (　　　)　　(33) 祝福 (　　　)

(34) 展開 (　　　)　　(35) 商界 (　　　)

2 다음 漢字의 訓과 音을 쓰세요. (36~59)

例	字 ····▶ 글자 자

(36) 價 (　　　)　　(37) 養 (　　　)　　(38) 術 (　　　)

(39) 改 (　　　)　　(40) 善 (　　　)　　(41) 案 (　　　)

(42) 建 (　　　)　　(43) 兵 (　　　)　　(44) 會 (　　　)

(45) 敬 (　　　)　　(46) 査 (　　　)　　(47) 族 (　　　)

(48) 雲 (   )   (49) 原 (   )   (50) 題 (   )

(51) 災 (   )   (52) 橋 (   )   (53) 貴 (   )

(54) 貯 (   )   (55) 責 (   )   (56) 第 (   )

(57) 操 (   )   (58) 赤 (   )   (59) 勇 (   )

3 다음 밑줄 친 漢字語를 漢字로 쓰세요. (60~74)

例	한자 ···▶ 漢字

(60) 시간을 꼭 지킵니다. (   )

(61) 선생님께서 교문에 서 계십니다. (   )

(62) 한자 삼천 자는 꼭 익힙시다. (   )

(63) 우리 문화 유산을 후손에게 물려줍시다. (   )

(64) 해가 뜨니 온 천지가 밝아졌습니다. (   )

(65) 우리 나라 산천은 아름답습니다. (   )

(66) 봄바람을 춘풍이라고 합니다. (   )

(67) 교통질서 지키기에 각자 노력합시다. (   )

(68) 형과 아우를 형제라고 합니다. (   )

(69) 교내 축구대회에서 우리 반이 승리하였습니다. (   )

(70) 여름에는 동남풍이 붑니다. (   )

(71) 자동차를 운전할 때 차선을 지켜야 합니다. (   )

(72) 강가에 있는 마을을 강촌이라고 합니다. (   )

(73) 겨울에는 북서풍이 붑니다. (   )

(74) 아저씨는 노모를 모시고 삽니다. (   )

4 다음 訓과 音에 맞는 漢字를 쓰세요. (75~79)

例	글자 자 ⋯▶ 字

(75) 꽃 화 (   )   (76) 길 도 (   )

(77) 다행 행 (   )   (78) 높을 고 (   )

(79) 빛 광 (   )

5 다음 漢字와 뜻이 상대 또는 반대 되는 漢字를 쓰세요. (80~83)

例	男 ⇔ 女

(80) 手 ⇔ (   )   (81) 輕 ⇔ (   )

(82) (   ) ⇔ 客   (83) (   ) ⇔ 舊

6 다음 (   ) 안에 들어갈 漢字를 例 에서 골라 그 번호를 써서 漢字語를 만드세요. (84~88)

例	① 童 ② 動 ③ 水 ④ 手 ⑤ 年 ⑥ 然 ⑦ 在 ⑧ 才 ⑨ 典 ⑩ 電

(84) 英(   )敎育   (85) 自(   )成家

(86) 家(   )用品   (87) (   )話作家

(88) 國民(   )金

7 다음 漢字와 뜻이 같거나 뜻이 비슷한 漢字를 골라 그 번호를 쓰세요. (89~91)

(89) 初 : ① 終　② 始　③ 最　④ 午　　　(　　　　)

(90) 談 : ① 話　② 識　③ 謂　④ 記　　　(　　　　)

(91) 考 : ① 古　② 問　③ 告　④ 思　　　(　　　　)

8 다음 漢字와 음이 같은 漢字를 골라 그 번호를 쓰세요. (92~94)

(92) 效 : ① 科　② 板　③ 孝　④ 救　　　(　　　　)

(93) 仕 : ① 任　② 寫　③ 偉　④ 位　　　(　　　　)

(94) 期 : ① 汽　② 能　③ 觀　④ 練　　　(　　　　)

9 다음 漢字語의 뜻을 다섯 자 이내로 쓰세요. (95~97)

例	讀音 : 읽는 소리

(95) 晝夜 : (　　　　　　　　　　　　　　　　　　)

(96) 草根 : (　　　　　　　　　　　　　　　　　　)

(97) 賣場 : (　　　　　　　　　　　　　　　　　　)

10 다음 漢字의 약자(획수를 줄인 漢字)를 쓰세요. (98~100)

例	學 ⇨ 学

(98) 體 ⇨ (　　　　　)　　　　(99) 發 ⇨ (　　　　　)

(100) 號 ⇨ (　　　　　)

실전 익히기

34쪽 - 35쪽 1. (1)⑤ (2)③ (3)⑧ (4)⑩ (5)① (6)⑥ 2. (1)뿔 각 (2)고칠 개 (3)결정할 결 (4)고할 고 (5)굽을 곡 (6)넓을 광 3. (1)各地 (2)感動 (3)歌手 4. (1)② (2)③ 5. (1)京 (2)界 (3)根 (4)急 6. (1)④ (2)⑥ (3)⑩ (4)②

64쪽 - 65쪽 1. (1)⑨ (2)⑥ (3)⑦ (4)④ (5)② (6)⑤ 2. (1)기약할 기 (2)말씀 담 (3)큰 덕 (4)무리 등 (5)익힐 련 (6)푸를 록 3. (1)長短 (2)路面 (3)代讀 4. (1)④ (2)③ 5. (1)明 (2)例 (3)圖 (4)對 6. (1)⑥ (2)③ (3)⑧ (4)①

94쪽 - 95쪽 1. (1)④ (2)⑨ (3)⑦ (4)⑥ (5)② (6)⑩ 2. (1)들을 문 (2)병 병 (3)모일 사 (4)장사 상 (5)줄 선 (6)묶을 속 3. (1)發動 (2)根本 (3)方席 4. (1)③ (2)② 5. (1)反 (2)番 (3)書 (4)省 6. (1)⑦ (2)④ (3)② (4)③

124쪽 - 125쪽 1. (1)⑩ (2)⑤ (3)⑧ (4)⑥ (5)⑨ (6)② 2. (1)수컷 웅 (2)목욕할 욕 (3)잎 엽 (4)고기잡을 어 (5)사랑 애 (6)알 식 3. (1)功臣 (2)洋服 (3)勇氣 4. (1)③ (2)④ 5. (1)失 (2)夜 (3)言 (4)遠 6. (1)関 (2)当 (3)実 (4)悪

154쪽 - 155쪽 1. (1)⑧ (2)⑤ (3)⑩ (4)① (5)③ (6)⑥ 2. (1)참여할 참 (2)잡을 조 (3)마디 절 (4)재물 재 (5)의원 의 (6)원할 원 3. (1)飮食 (2)作家 (3)庭園 4. (1)① (2)③

5. (1)章 (2)戰 (3)昨 (4)音 6. (1)⑧ (2)⑤ (3)② (4)⑩

180쪽 - 181쪽 1. (1)⑤ (2)⑧ (3)③ (4)⑩ (5)① (6)⑦ 2. (1)검을 흑 (2)그림 화 (3)붓 필 (4)숯 탄 (5)가장 최 (6)부를 창 3. (1)淸明 (2)特色 (3)級訓 4. (1)② (2)③ 5. (1)太 (2)風 (3)淸 (4)黃 6. (1)自 (2)分 (3)吉 (4)末

6급 Ⅱ 예상문제

202쪽 - 204쪽 1. (1)가장 (2)창문 (3)식목 (4)각계 (5)개화 (6)상경 (7)일기 (8)출발 (9)성과 (10)교대 (11)구별 (12)다수 (13)등급 (14)음악 (15)본부 (16)동양 (17)소화 (18)정답 (19)성공 (20)신문 (21)승리 (22)신체 (23)독서 (24)예식 (25)농악 (26)작업 (27)의복 (28)속도 (29)광명 (30)야외 (31)초목 (32)교훈 2. (33)그럴 연 (34)오를 등 (35)기를 육 (36)쉴 휴 (37)성 성 (38)살 활 (39)느낄 감 (40)나눌 반 (41)익힐 습 (42)노래 가 (43)머리 두 (44)집 당 (45)따뜻할 온 (46)종이 지 (47)차례 제 (48)모양 형 (49)부을 주 (50)겨레 족 (51)매양 매 (52)인간 세 (53)사이 간 (54)날랠 용 (55)차례 번 (56)누를 황 (57)손자 손 (58)기다릴 대 (59)뿔 각 (60)푸를 록 (61)셀 계 (62)사랑 애 3. (63)靑年 (64)父母 (65)大韓民國 (66)敎室 (67)學校 (68)兄 (69)八月 十五日 (70)三寸 (71)長女 (72)東大門 4. (73)④ (74)⑤ (75)① 5. (76)마음에 새겨 조심함 (77)사물의 본바탕 6. (78)⑤ (79)③ (80)⑦

6급 예상문제

205쪽 - 207쪽 | 1. (1)백성 (2)성공 (3)강력 (4)장신 (5)사회 (6)오전 (7)술어 (8)가정 (9)편지 (10)도로 (11)분별 (12)동의 (13)반동 (14)반농 (15)사시도 (16)산간 (17)상부 (18)생병 (19)서기 (20)학급 (21)석공 (22)선금 (23)설중 (24)세계 (25)소문 (26)소식 (27)금후 (28)유선 (29)외과 (30)집합 (31)평화 (32)방향 (33)출석 2. (34)마을 동 (35)함께 공 (36)아이 동 (37)효도 효 (38)놓을 방 (39)비로소 시 (40)길 영 (41)밝을 명 (42)집 실 (43)밤 야 (44)이름 호 (45)클 태 (46)아침 조 (47)살필 성 (48)마당 장 (49)약약 (50)공·구슬 구 (51)높을 고 (52)제목 제 (53)친할 친 (54)바람 풍 (55)각각 각 (56)나무 수 (57)법식 례 (58)서울 경 3. (59)時間 (60)洞口 (61)海上 (62)每日 (63)重大 (64)生氣 (65)父母 (66)電話 (67)午後 (68)東西 (69)文字 (70)登校 (71)空軍 (72)地平 (73)休日 (74)教育 (75)校門 (76)住所 (77)自然 (78)植木日 4. (79)② (80)④ (81)③ (82)① 5. (83)② (84)③ 6. (85)⑤ (86)② 7. (87)안과 바깥 (88)큰 바다 (89)푸른 하늘 (90)학교를 쉬는 것

5급 예상문제

208쪽 - 211쪽 | 1. (1)가결 (2)상술 (3)변화 (4)중요 (5)효과 (6)안내 (7)객관 (8)순서 (9)착석 (10)절약 (11)만세 (12)법칙 (13)욕실 (14)격식 (15)경쟁 (16)환자 (17)봉사 (18)참고 (19)선거 (20)생산 (21)수도 (22)재료 (23)감정 (24)정지 (25)연습 (26)시종 (27)월급 (28)명랑 (29)빙하 (30)질량 (31)광야 (32)지식 (33)조작 (34)식물 (35)원인 2. (36)값 가 (37)가벼울 경 (38)베낄 사 (39)재주 기 (40)병사 병 (41)세울 건 (42)제목 제 (43)지날 력 (44)채울 충 (45)귀할 귀 (46)날랠 용 (47)물 륙 (48)쌓을 저 (49)패할 패 (50)본받을 효 (51)이를 치 (52)무리·비슷할 류 (53)공경할 경 (54)꾸짖을 책 (55)칠타 (56)물고기 어 (57)높을 탁 (58)원할 원 (59)둥글 단 3. (60)成功 (61)江村 (62)交通 (63)反對 (64)校門 (65)會社 (66)庭園 (67)科目 (68)休紙 (69)反省 (70)北西 (71)山川 (72)家族 (73)後孫 (74)老母 4. (75)幸 (76)集 (77)班 (78)飮 (79)號 5. (80)直 (81)合 (82)重 (83)主 6. (84)⑥ (85)⑦ (86)④ (87)⑩ (88)② 7. (89)① (90)③ (91)④ 8. (92)③ (93)② (94)① 9. (95)귀와 눈 (96)길러서 자라게 함 (97)풀뿌리 10. (98)対 (99)発 (100)体

6급 Ⅱ 20회 기출문제

212쪽 - 214쪽 | 1. (1)식목 (2)정답 (3)가장 (4)광명 (5)교통 (6)독서 (7)반대 (8)천사 (9)속도 (10)출발 (11)승리 (12)구별 (13)전기 (14)일기 (15)수술 (16)동양 (17)작업 (18)의복 (19)야외 (20)신문 (21)형식 (22)농약 (23)노선 (24)신체 (25)급행 (26)실언 (27)본부 (28)감동 (29)화초 (30)특급 (31)동창회 (32)영원 2. (33)수풀 림 (34)기를 육 (35)푸를 록 (36)종이 지 (37)편안 안 (38)목숨 명 (39)모 방 (40)살 주 (41)살 활 (42)사랑 애 (43)낮 주 (44)예도 례 (45)뜰 정

(46)열매 과　(47)오얏·성 리　(48)향할 향
(49)그럴 연　(50)매양 매　(51)그림 도　(52)기
다릴 대　(53)셀 계　(54)뿔 각　(55)차례 번
(56)맑을 청　(57)마실 음　(58)곧을 직　(59)정
할 정　(60)일 사　(61)쌀 미　(62)날랠 용　3.
(63)生水　(64)教室　(65)白人　(66)火山
(67)兄　(68)中學校　(69)女軍　(70)北西
(71)青年　(72)南大門　4. (73)④　(74)①
(75)③　5. (76)좋은 운수　(77)뜻을 이룸　6.
(78)③　(79)⑦　(80)④

6급 18회 기출문제

215쪽 – 217쪽 | 1. (1)가정　(2)공식　(3)부분
(4)동의　(5)의복　(6)민간　(7)발광　(8)장단
(9)명화　(10)유선　(11)대외　(12)감동　(13)
강직　(14)술어　(15)안정　(16)근본　(17)별세
(18)도로　(19)내과　(20)금후　(21)화급　(22)
교실　(23)신자　(24)선친　(25)속도　(26)대양
(27)주야　(28)교대　(29)출석　(30)반성　(31)
독서　(32)성형　(33)약초　2. (34)서울 경
(35)함께 공　(36)기다릴 대　(37)비로소 시
(38)다행 행　(39)각각 각　(40)지경 계　(41)그
림 도　(42)나무 수　(43)여름 하　(44)열 개
(45)높을 고　(46)목숨 명　(47)제목 제　(48)마
을 촌　(49)뿔 각　(50)남녘 남　(51)쌀 미
(52)화할 화　(53)모을 집　(54)예 고　(55)고을
군　(56)이길 승　(57)누를 황　(58)부을 주　3.
(59)江上　(60)生氣　(61)工場　(62)男女
(63)農夫　(64)洞口　(65)登校　(66)東西
(67)千萬　(68)每日　(69)午前　(70)地方
(71)算數　(72)植木日　(73)電話　(74)住所
(75)兄弟　(76)海軍　(77)自然　(78)青天　4.

(79)①　(80)②　(81)③　(82)②　5. (83)②
(84)①　6. (85)④　(86)①　7. (87)왼쪽과 오
른쪽　(88)학업을 쉼　(89)먹고 마시는 것　(90)
흰 종이

5급 19회 기출문제

218쪽 – 221쪽 | 1. (1)효과　(2)흉계　(3)결사
(4)흑백　(5)어구　(6)만세　(7)상통　(8)열망
(9)독도　(10)변화　(11)봉창　(12)선거　(13)
식종　(14)욕실　(15)약물　(16)빙탄　(17)필요
(18)광야　(19)도착　(20)재단　(21)순서　(22)
질량　(23)재료　(24)병원　(25)절약　(26)전주
(27)탁견　(28)철창　(29)한해　(30)필법　(31)
감정　(32)정지　(33)축복　(34)전개　(35)상계
2. (36)값 가　(37)기를 양　(38)재주 술　(39)
고칠 개　(40)착할 선　(41)책상 안　(42)세울
건　(43)병사 병　(44)모일 회　(45)공경할 경
(46)조사할 사　(47)겨레 족　(48)구름 운　(49)
근원 원　(50)제목 제　(51)재앙 재　(52)다리
교　(53)귀할 귀　(54)쌓을 저　(55)꾸짖을 책
(56)차례 제　(57)잡을 조　(58)붉을 적　(59)날
랠 용　3. (60)時間　(61)校門　(62)三千
(63)後孫　(64)天地　(65)山川　(66)春風
(67)各自　(68)兄弟　(69)勝利　(70)東南
(71)車線　(72)江村　(73)北西　(74)老母　4.
(75)花　(76)道　(77)幸　(78)高　(79)光　5.
(80)足　(81)重　(82)主　(83)新　6. (84)⑧
(85)④　(86)⑩　(87)①　(88)⑤　7. (89)②
(90)①　(91)④　8. (92)③　(93)②　(94)①
9. (95)낮과 밤　(96)풀뿌리　(97)파는 장소
10. (98)体　(99)発　(100)号

18 찾아보기

230

■ 저자 | 홍진복

현재 서울 신사초등학교 교장.
저서 서울시 교육감 인정도서《초등 한자》(전6권),
      서울시 교육감 인정도서《아름다운 생활》(전6권)
      《한자가 손에 익는 일천千 천자문쓰기》

■ 편집 | 최광희, 박민희   디자인 | 서경민   삽화 | 김동문

초등 학생이 꼭 익혀야 할

급수 한자 500자 쓰기 하

발행일 2004년 9월 25일 1판 1쇄
        2020년 9월10일 1판 22쇄

지은이 | 홍진복   펴낸이 | 김표연   펴낸곳 | (주)상서각
등록 | 2015. 6. 10. (제25100-2015-000051호)   주소 | 경기도고양시 일산동구 성현로513번길34
전화 | (02) 387-1330   FAX | (02) 356-8828
이메일 | sang53535@naver.com